Couvertures supérieure et inférieure
en couleur

JULES MÉLINE

Le Retour à la Terre

ET LA

Surproduction Industrielle

TROISIÈME ÉDITION

PARIS
LIBRAIRIE HACHETTE ET Cie
79, BOULEVARD SAINT-GERMAIN, 79

1905

Droits de traduction et de reproduction réservés.

Librairie HACHETTE et Cⁱᵉ, boulevard Saint-Germain, 79, Paris.

BIBLIOTHÈQUE VARIÉE, FORMAT IN-16, A 3 FR. 50 LE VOLUME
(Extrait du Catalogue)

Albert (Paul). La poésie. 1 vol. — La prose. 1 vol. — La littérature française, des origines à la fin du xviiie siècle. 3 vol. — Variétés morales et littéraires. 1 vol. — Poètes et poésies. 1 vol. — La littérature française au xixe siècle. 2 vol.

Barine (Arvède). Portraits de femmes. 1 vol. — Essais et fantaisies. 1 vol. — Princesses et grandes dames. 1 vol. — Bourgeois et gens de peu. 1 vol. — Névrosés. 1 vol. — Saint François d'Assise. 1 vol. — La Jeunesse de la Grande Mademoiselle. 1 vol. — Louis XIV et la Grande Mademoiselle. 1 vol.

Boissier. Cicéron. 1 vol. — La religion romaine. 2 vol. — Promenades archéologiques. 2 vol. — L'Afrique romaine. 1 vol. — L'opposition sous les Césars. 1 vol. — La fin du paganisme. 2 vol. — Tacite. 1 vol. — La conjuration de Catilina. 1 vol.

Bossert (A.). La littérature allemande au moyen âge et les origines de l'épopée germanique. 1 vol. — Goethe et Schiller. 1 vol. — Goethe, ses précurseurs et ses contemporains. 1 vol. — Schopenhauer. 1 vol. — Essais sur la littérature allemande. 1 vol.

Bouché-Leclercq. Leçons d'histoire grecque. 1 vol.

Brunetière. Études critiques sur l'histoire de la littérature française. 7 vol. — L'évolution des genres dans l'histoire de la littérature. 1 vol. — L'évolution de la poésie lyrique en France au xixe siècle. 1 vol. — Les époques du théâtre français. 1 vol. — Victor Hugo. 1 vol.

Caro. L'idée de Dieu. 1 vol. — Le matérialisme et la science. 1 vol. — Problèmes de morale sociale. 1 vol. — Mélanges et portraits. 2 vol. — Poètes et romanciers. 1 vol. — Philosophies et philosophes 1 vol. — Variétés littéraires. 1 vol.

Chavanon et Saint-Yves. Murat. 1 vol.

Daudet (E.). Le roman d'un Conventionnel. 1 vol.

Deherain (H.). Études sur l'Afrique. 1 vol. — L'Expansion des Boers au xixe siècle. 1 vol.

Deltour. Les ennemis de Racine au xviie siècle.

Du Camp (Maxime). Paris, ses organes, ses fonctions, sa vie. 6 vol. — Les convulsions de Paris. 4 vol. — La charité privée à Paris. 1 vol. — Souvenirs littéraires. 2 vol. — Le Crépuscule. 1 vol.

Figuier (Louis). Histoire du merveilleux. 4 vol. — L'Année scientifique. 1 vol. — Le Lendemain de la mort. 1 vol.

Fleury (Comte). Les Drames de l'histoire. 1 vol.

Fouillée. La science sociale contemporaine. 1 vol. — La philosophie de Platon. 4 vol. — L'enseignement au point de vue national. 1 vol.

Funck-Brentano (F.). Légendes et archives de la Bastille. 1 vol. — Le drame des poisons 1 vol. — L'affaire du collier. 1 vol. — La mort de la reine. 1 vol. — Les Nouvellistes. 1 vol.

Fustel de Coulanges. La cité antique. 1 vol.

Gebhart (E.). L'Italie mystique. 1 vol. — Moines et papes. 1 vol. — Au son des cloches. 1 vol. — Conteurs florentins du moyen âge. 1 vol. — D'Ulysse à Panurge. 1 vol.

Girard (J.). Études sur la poésie grecque. 1 vol. — Essais sur Thucydide. 1 vol.

Giraud (V.). Essais sur Taine. 1 vol. — Chateaubriand, études littéraires. 1 vol.

Gréard. De la morale de Plutarque. 1 vol. — L'éducation des femmes. 1 vol. — Edmond Scherer. 1 vol. — Prevost-Paradol. 1 vol.

Joly. Psychologie des grands hommes. 1 vol. — Physiologie comparée, l'homme et l'animal. 1 vol. — Le Socialisme chrétien. 1 vol.

Jullian (C.). Vercingétorix. 1 vol.

Lapauze (H.) : Mélanges sur l'art français. 1 vol.

Larroumet (G.). La comédie de Molière. 1 vol. — Études d'histoire et de critique dramatiques. 1 vol. — Nouvelles études d'histoire et de critique dramatiques. 1 vol. — Études de littérature et d'art. 3 vol. — Marivaux, sa vie et ses œuvres. 1 vol. — L'Art et l'État en France. 1 vol. — Petits portraits et notes d'art. 2 vol. — Derniers portraits. 1 vol.

La Sizeranne (R. de). La peinture anglaise. 1 vol. — Ruskin et la religion de la beauté. 1 vol. — Le miroir de la vie. 1 vol. — Les questions esthétiques contemporaines. 1 vol.

Lemont. La satire en France. 3 vol. — La poésie patriotique en France. 1 vol. — La Comédie en France au xviiie siècle. 2 vol.

Luce (S.). Jeanne d'Arc à Domremy. 1 vol. — La France pendant la guerre de Cent Ans. 2 vol.

Luchaire (A.). Innocent III et l'Italie. 2 vol. — Innocent III et les Albigeois. 1 vol.

Martha. Les moralistes sous l'empire romain. 1 vol. — Le poème de Lucrèce. 1 vol. — Études morales sur l'antiquité. 1 vol.

Méline (J.). Le retour à la Terre. 1 vol.

Mézières (A.). Shakespeare, ses œuvres et ses critiques. 1 vol. — Prédécesseurs et contemporains de Shakespeare. 1 vol. — Contemporains et successeurs de Shakespeare. 1 vol. — Hors de France. 1 vol. — Vie de Mirabeau. 1 vol.

Michelet. L'insecte. 1 vol. — L'oiseau. 1 vol.

Patin. Études sur les tragiques grecs. 4 vol. — Études sur la poésie latine. 2 vol. — Discours et mélanges littéraires. 1 vol.

Prevost-Paradol. Études sur les moralistes français. 1 vol. — Essai sur l'histoire universelle. 2 v.

Saint-Simon. Mémoires et Table. 22 vol. — Scènes et portraits, choisis dans les Mémoires. 2 vol.

Sainte-Beuve. Port-Royal. 7 vol.

Simon (G.). L'enfance de Victor Hugo. 1 vol.

Spencer (H.). Faits et commentaires. 1 vol.

Staël (Mme de). Lettres inédites. 1 vol.

Taine (H.). Essai sur Tite-Live. 1 vol. — Essais de critique et d'histoire. 1 vol. — Nouveaux essais. 1 vol. — Histoire de la littérature anglaise. 5 vol. — La Fontaine et ses fables. 1 vol. — Les philosophes français au xixe siècle. 1 vol. — Voyage aux Pyrénées. 1 v. — M. Graindorge. 1 vol. — Notes sur l'Angleterre. 1 vol. — Un séjour en France de 1792 à 1795. 1 vol. — Voyage en Italie. 2 vol. — De l'intelligence. 2 vol. — Philosophie de l'art. 2 vol. — Les origines de la France contemporaine. 11 vol. et table. — Carnets de voyages. 1 vol. — Correspondance. 5 vol.

Wallon. Vie de N.-S. Jésus-Christ. 1 vol. — La sainte Bible. 2 vol. — La Terreur. 2 vol. — Jeanne d'Arc. 2 vol. — Éloges académiques. 2 vol.

Zurlinden (Général). La guerre de 1870-1871. 1 vol.

LE

Retour à la Terre

ET LA

Surproduction Industrielle

JULES MÉLINE

Le Retour
à la Terre

ET LA

Surproduction Industrielle

TROISIÈME ÉDITION

PARIS
LIBRAIRIE HACHETTE ET Cie
79, BOULEVARD SAINT-GERMAIN, 79

1905

Droits de traduction et de reproduction réservés.

Published the 18th of May 1905. — Privilege of copyright in the United States reserved under the act approved March 3rd 1905 by Hachette and Cie of Paris.

LE

RETOUR A LA TERRE

ET LA

SURPRODUCTION INDUSTRIELLE

INTRODUCTION

Le siècle qui vient de finir restera certainement
comme une des périodes les plus extraordinaires,
les plus étonnantes de l'histoire du monde, et il
laissera derrière lui un sillon ineffaçable. On peut
dire de lui sans hyperbole, tant les transformations qu'il a opérées sont hardies et profondes,
qu'il a jeté l'humanité dans un nouveau moule.
Quand on essaie de faire des rapprochements et
des comparaisons en reportant son esprit d'un
demi-siècle seulement en arrière, on demeure
confondu devant le spectacle de tout ce qui a
disparu et de tout ce qui l'a remplacé; la vie individuelle et sociale a subi de telles métamor-
phoses que chacun de nous croit rêver quand il
interroge ses souvenirs.

1

Certes, le passé est fécond en grands événements de toute sorte et chaque siècle a sa marque spéciale et indélébile; aucun ne ressemble à l'autre et cependant il existe entre eux un lien commun et comme un air de famille. Il semble qu'ils s'engendrent l'un l'autre et s'enchaînent dans un ordre logique par une sorte d'évolution naturelle.

Avec le xixe siècle, surtout avec la fin du xixe siècle, le spectacle change brusquement et on se trouve jeté en plein inconnu; il y a tout d'un coup comme une solution de continuité, une coupure sèche et profonde. En moins de cinquante ans tout est bouleversé de fond en comble, l'industrie, l'agriculture, le commerce, les transports, les moyens de production, de consommation, de circulation, et les rapports des hommes entre eux sont profondément modifiés. Ce n'est plus une évolution, c'est une véritable révolution qui s'accomplit et qui suit son cours comme un torrent qui entraîne tout sur son passage.

Il a suffi, pour provoquer et consommer cette révolution en si peu de temps, de l'entrée en scène d'une inconnue qui n'avait guère fait parler d'elle jusqu'alors, de la science, pour l'appeler par son nom, de la science avec ses applications infinies à tous les éléments, à toutes les sources de l'activité humaine. En un clin d'œil elle a tout

renouvelé; comme ses rénovations étaient in-
discutables, elles se sont imposées d'elles-mêmes
et le monde entier, de gré ou de force, a été
obligé de se mettre à son pas. Il n'est plus au
pas aujourd'hui, il est au galop, au galop vertigi-
neux qui ne lui laisse plus le temps de respirer
et de se reconnaître parce que le génie qui le
guide marche de plus en plus vite.

Si bien orienté qu'on soit cependant, il n'est
pas sans danger de courir devant soi les yeux
fermés; on s'expose ainsi à se heurter à des
obstacles imprévus contre lesquels on peut se briser. Aussi estimons-nous que le moment est venu
de faire une halte d'un instant sur cette route
poudreuse, où l'on n'entend plus que la respiration
entrecoupée de poitrines haletantes, pour contem-
pler un instant le chemin parcouru et nous rendre
un compte exact de la transformation fondamentale qui s'accomplit sous nos yeux.

Le but de ce livre est de l'étudier dans ses
résultats actuels, d'établir impartialement le
compte du bien et du mal qu'elle a fait, de voir
enfin où elle nous mène et de rechercher les
moyens d'en faire une œuvre harmonieuse et bienfaisante pour l'humanité.

PREMIÈRE PARTIE

LA
SURPRODUCTION INDUSTRIELLE

CHAPITRE I

HISTOIRE DE L'INDUSTRIE

I

Le fait capital, le grand événement qui domine le xixe siècle, c'est la naissance de la grande industrie et le développement de sa colossale puissance. L'industrie moderne est aussi différente de l'industrie ancienne que notre société et nos institutions diffèrent de la société et des institutions du moyen âge. En moins de cinquante ans elle a grandi comme un arbre géant qui absorbe toute la sève du sol et elle a attiré à elle toutes les forces vives, toutes les intelligences, toutes les énergies. Les peuples se sont précipités vers elle comme vers le soleil levant et, depuis qu'elle dicte ses lois, l'humanité est comme possédée d'une fièvre intense qui a décuplé ses forces, mais qui, comme toutes les fièvres, pourrait avec le temps devenir pour elle une cause d'épuisement.

L'accès était, du reste, inévitable et on comprend aisément ce qui devait arriver le jour où la science ferait sa trouée dans ce vieux monde de l'industrie primitive qûi depuis des siècles était rivé aux mêmes méthodes et condamné à tourner dans le même cercle. N'ayant guère à sa disposition que le travail humain indispensable au fonctionnement d'instruments insuffisants et sans puissance, la production était forcément limitée dans son action et son développement par le nombre des bras disponibles et par leur faiblesse irrémédiable. Il n'y avait pas pendant cette période d'enfance industrielle de véritables chefs d'industrie; on ne voyait que des chefs d'atelier groupant un petit nombre d'ouvriers et vivant au milieu d'eux comme le père de famille au milieu de ses enfants. Il n'y avait pas davantage de concurrence dans le sens actuel du mot et la surproduction était chose inconnue. Chaque atelier vivait de la clientèle du voisinage dont il connaissait exactement la capacité de consommation; la difficulté des communications et la cherté des transports se chargeaient de conserver à chacun son petit marché sur lequel il trouvait une existence assurée et rien ne venait troubler sa paisible existence.

L'histoire de la grande industrie ne commence

qu'avec les merveilleuses découvertes qui ont permis de substituer la machine au travail à bras et même à l'intelligence de l'ouvrier et qui, rapprochant tous les marchés du monde par la facilité et le bas prix des moyens de transport et de communication, n'en a plus fait qu'un seul et immense marché. Il en résulte qu'aujourd'hui ce n'est plus à un groupe d'ouvriers familiers, vivant de sa vie, que commande l'industriel moderne, c'est à une armée véritable dont les soldats lui sont pour la plupart inconnus; son champ de bataille n'est plus le tout petit marché local et restreint dont ses ancêtres savaient se contenter, ce n'est même plus la France, c'est le monde entier où il cherche à pénétrer par tous les moyens possibles pour y écouler son énorme production.

Mais n'anticipons pas et voyons maintenant d'un peu près par quelles étapes successives a passé la grande industrie avant d'arriver au point où nous la trouvons aujourd'hui; on peut, croyons-nous, diviser son histoire en trois périodes distinctes correspondant à trois états très différents.

II

La première période commence avec les grandes applications de la science à l'industrie, l'emploi de la machine à vapeur et la création de l'indus-

trie mécanique qui élimine progressivement le travail humain. On aperçoit tout de suite que la nation qui doit la première profiter de la révolution
qui vient de s'accomplir sera celle à qui la nature
aura donné en abondance le pain des machines,
le charbon, et le fer pour les fabriquer. Il était
donc inévitable que l'Angleterre, si richement do-
tée à ce double point de vue, prît la tête du mouvement et devînt la première grande nation industrielle; il était naturel aussi que n'ayant dans le
monde aucun concurrent en état de lutter avec
elle pour le bon marché des produits et la qualité
de la main-d'œuvre elle ait d'abord accaparé tous
les marchés et soit devenue le grand fournisseur
du monde.

Pendant cette première période elle apparait
comme un géant capable d'écraser toutes les
coalitions et elle est tellement convaincue de sa
toute-puissance qu'elle s'outille comme si elle
devait conserver à jamais la primauté industrielle.
Son rayonnement s'étend jusqu'aux confins de
l'univers et elle règne en souveraine sur les
marchés d'Europe, d'Asie et du Nouveau Monde,
où elle écoule son immense production; le monopole de l'exportation semble lui appartenir pour
toujours et tous les peuples se résignent à sa
domination.

On put croire un instant qu'elle était disposée
à la partager avec la France par les fameux traités

de 1860 ; mais nos illusions ne furent pas de longue durée, nous ne tardâmes pas à nous apercevoir que nous n'avions fait que tirer les marrons du feu pour notre puissante voisine et qu'au lieu de pénétrer chez elle, c'était elle qui pénétrait de plus en plus chez nous. Nos principales industries instruites par une dure expérience finirent par constater que la lutte était impossible contre un adversaire si bien armé et elles poussèrent un cri d'alarme que put seul étouffer la chute de l'Empire.

Nous arrivons ainsi à la seconde période de l'histoire de l'industrie, celle qui a suivi 1870 !

III

Après 1870, un changement brusque d'orientation économique s'opère en Europe et finit par gagner le monde entier.

Toutes les grandes nations manifestent l'intention bien arrêtée de secouer le joug industriel de la toute-puissante Angleterre et de créer à leur tour sur leur propre territoire des industries capables de pourvoir aux besoins de leurs populations. Pour se défendre contre la concurrence étrangère et faciliter la constitution de ces industries, tous les pays presque sans exception se couvrent successivement de tarifs de douane. Le mot d'ordre est le même partout : nous n'avons pas

besoin de l'étranger, nous entendons nous suffire
à nous-mêmes

Se suffire à soi-même, telle est aujourd'hui encore l'idée maîtresse qui inspire et qui domine le
régime économique de la plupart des peuples.
L'évolution était fatale du reste et l'Angleterre
aurait pu la prévoir. Est-il rien de plus instinctif,
de plus logique pour une nation que de chercher
à subvenir à ses propres besoins au lieu de s'a-
dresser à l'étranger pour les satisfaire? Charité
bien ordonnée commence par soi-même, n'est-ce
pas l'*a b c* de la science économique? On peut
critiquer et déplorer tant qu'on voudra ce qu'on
considère comme une véritable étroitesse de
vues, un manquement aux grands principes de
la liberté commerciale, mais il serait naïf de s'en
étonner. De quel droit une nation quelconque
pourrait-elle avoir la prétention de fournir et
d'approvisionner les autres et d'empêcher celles-
ci de s'émanciper en devenant à leur tour industrielles?

Quelle sottise, dit-on, de s'obstiner à acheter
plus cher chez soi ce qu'on trouverait à si bon
marché ailleurs! Il est possible, peut répondre la
nation intéressée, mais je préfère donner mon argent à mes ouvriers plutôt qu'à des étrangers
parce qu'il les fait vivre d'abord et ensuite parce
qu'il reste dans le pays et profite à tout le monde
au lieu d'enrichir les voisins.

Aussi comprend-on que l'idée ʟouvelle ait jailli partout et que le nombre de ses contradicteurs diminue tous les jours. Après l'Allcmagne, qui a ouvert la marche, l'Autriche, la Russie, la France, l'Espagne, l'Italie, la Suisse, entrent dans le mouvement. Toute l'Europe, sauf l'Angleterre et un peu la Belgique, se couvre successivement de tarifs douaniers et le protectionnisme triomphe partout.

C'est ainsi que tous les marchés européens se sont d'abord fermés sous les pas de l'Angleterre et qu'elle a vu son exportation de ce côté diminuer à vue d'œil; au fur et à mesure que les industries nationales se constituaient, son immense production refluait sur elle et elle se voyait obligée de chercher des débouchés ailleurs. Elle s'est alors jetée sur l'Amérique, sur l'Asie, sur l'Afrique et, pendant quelques années, elle réussit à souhait et put se croire sauvée; mais elle ne tarda pas à éveiller partout le même sentiment qu'en Europe, le sentiment de l'indépendance nationale et le besoin de se protéger contre la concurrence étrangère.

L'Amérique est entrée la première en ligne avec une véritable impétuosité et un mépris souverain de toutes les résistances; elle a apporté, dans sa réforme économique, l'esprit pratique et la ténacité de la race anglo-saxonne renforcés par l'ardeur belliqueuse d'un peuple jeune et confiant dans ses destinées. Brûlant les étapes et laissant à la vieille Europe les formules prudentes d'un protectionnisme mitigé, elle s'est campée hardiment sur le terrain de la prohibition. Tous les économistes la narguèrent, lui prédirent qu'elle étoufferait derrière sa muraille de Chine et serait bientôt obligée de demander grâce. Elle laissa dire, continua à tenir sa porte bien fermée et parvint ainsi à constituer sur son sol toutes les industries capables de suffire aux besoins de sa population sans cesse grandissante[1].

La première conséquence, au point de vue du commerce mondial, de l'autonomie économique des États-Unis sautait aux yeux et elle aurait dû provoquer en Europe les plus sérieuses réflexions ; elle enlevait à l'exportation européenne son plus beau, son plus vaste champ d'exportation de produits manufacturés. Les États-Unis se suffisant à eux-mêmes, gardant exclusivement pour eux un marché de plus de 80 millions de consommateurs, c'était un trou tellement formidable dans les débouchés de la production européenne qui l'avait alimenté jusque-là, qu'on pouvait se demander comment les industries européennes privées de ce débouché parviendraient à se tirer de ce mau-

---

1. Les États-Unis ont produit à eux seuls en 1899, 13 millions de tonnes de fonte, c'est-à-dire plus que le monde entier n'en produisait en 1870 (12 millions de tonnes). Ce seul chiffre donne une idée de la puissance de leur développement industriel en même temps qu'il permet de mesurer le recul de la puissance de l'industrie anglaise.

vais pas. C'était pour elles un avertissement
significatif; il leur aurait suffi d'un peu de réflexion pour comprendre que l'heure des vastes
ambitions était passée et que la prudence la plus
élémentaire leur commandait de ralentir leur
marche en avant et de ne développer leur outillage qu'avec beaucoup de mesure.

Elles auraient pu prévoir, dès ce moment, un
autre danger non moins inévitable, c'est que les
Américains, avec leur tempérament fougueux,
et leur appétit de peuple jeune, ne s'arrêteraient
pas à mi-chemin et qu'ils iraient jusqu'à l'extrême limite de leur développement économique
en se faisant à leur tour exportateurs et en essayant, comme l'Angleterre, d'envahir le monde
Ils y sont arrivés avec une rapidité vertigineuse
et qui tient du prodige; en quelques années ils
se sont placés au premier rang des grandes nations exportatrices et les résultats qu'ils ont
obtenus confondent l'imagination[1].

Laissons de côté l'exportation des produits

1. L'exportation totale des États-Unis a passé de 4 milliards
130 millions en 1890 à 7 milliards 288 millions en 1903 : soit une
augmentation de 76 pour 100. Elle a un peu baissé en 1904 sous
l'influence de la crise générale et est descendue à 7 milliards
128 millions, ce qui est encore un chiffre très respectable.

Les exportations américaines en Angleterre ont augmenté de
127 pour 100 depuis trente-trois ans; dans les Indes, de
126 pour 100; dans l'Amérique Britannique, de 322 pour 100.

Les importations ont, il est vrai, suivi également un mouvement ascendant mais infiniment plus faible, comme le prouve la
balance du commerce de ce grand pays qui n'était encore en

agricoles et des matières premières, parce qu'on
ne manquerait pas de nous faire observer que ce
genre d'exportation est une nécessité et un bien-
fait relatif pour les nations importatrices. Ne
parlons que des produits manufacturés; pour mesurer l'importance de leur exportation, il nous
suffira de dire que pendant la dernière période
décennale elle s'est accrue de 146 pour 100, pendant que celle des produits agricoles n'augmentait que de 36 pour 100.

Ce qu'il y a de plus extraordinaire, de plus
inquiétant dans cette expansion colossale, c'est
qu'elle n'a pas été chercher, comme on aurait pu
le croire, des marchés nouveaux encore inoccupés, des pays neufs et sans industrie; elle s'est
attaquée résolument à tous les marchés d'Europe, aux pays les mieux outillés, les plus
avancés en industrie, à la France, à l'Allemagne,
à l'Angleterre elle-même. Qu'on en juge par un
seul chiffre :

En 1903, les exportations des États-Unis pour
l'Europe ont été de 1 milliard 13 millions de dollars, alors que son exportation totale pour le

1875 que de 131 millions en faveur des exportations et qui s'est
élevée successivement à 322 millions en 1895 et à 2 milliards
311 millions en 1903. Elle a baissé en 1904 à cause de la mauvaise récolte de blé. Il est juste aussi de constater que depuis
quelques années les importations augmentent sensiblement pendant que les exportations semblent marquer un temps d'arrêt,
ce qui semble bien prouver l'état d'encombrement, de saturation
de tous les marchés du monde.

monde entier n'a été que de 1 milliard 458 millions de dollars[1].

Du reste, les États-Unis ne font pas seulement du tort à l'industrie européenne en venant la relancer chez elle et en lui prenant une partie de sa clientèle intérieure; ils vont en outre l'assiéger sur les marchés où elle régnait autrefois en souveraine, ils la détrônent dans l'Amérique du

1. Si on veut se faire une juste idée des vastes aspirations des États-Unis et du fier sentiment qu'ils ont d'eux-mêmes, il faut lire en entier un article publié il y a quelques années seulement dans le *Scribner's Magazine* par un Américain qui n'est pas le premier venu, M. Vanderlip, secrétaire adjoint à la trésorerie. Qu'on nous permette de n'en faire qu'un court extrait qui dit tout. « Autrefois, dit M. Vanderlip, l'Amérique était le grand pays exportateur de céréales et de produits bruts et l'Europe était le grand atelier où ces produits étaient travaillés. Les rôles sont changés, notre exportation en produits industriels a pris de l'extension de jour en jour, à tel point que les chiffres atteints dans les trois derniers ans justifient complètement les craintes qu'on éprouve en Europe devant notre invasion industrielle. L'exportation en produits manufacturés était pendant la période de 1887-1897 de 163 millions par an, en 1898 elle monta à 290 millions, en 1899 à 333 millions et en 1900 à 434 millions. Cette exportation toujours croissante a été accompagnée d'un phénomène corollaire : l'évincement de nos propres marchés des produits industriels étrangers. L'Amérique devient de plus en plus un pays se suffisant à lui-même; notre industrie gagne de plus en plus la suprématie sur le marché international et nous ne pouvons tracer une histoire de notre exportation sans retracer celle du développement de notre industrie. »

Pour donner à ces appréciations toute leur portée, M. Vanderlip en tire ensuite la prophétie suivante : « Plus nous fournissons de produits aux autres pays, moins ils pourront en fabriquer eux-mêmes; et certains enthousiastes voient déjà le moment où l'Amérique deviendra le grand producteur du monde entier. »

Sud, en Chine et même au Canada où ils poursuivent l'Angleterre jusque dans ses derniers retranchements.

Après les États-Unis on pouvait supposer que plus personne n'oserait entrer dans la lice et que la situation générale du monde au point de vue économique était désormais fixée *ne varietur*. Aussi comprend-on la stupeur générale quand on a vu, il y a quelques années, un petit peuple, auquel personne ne prêtait attention et qu'on considérait comme à demi sauvage, briser tout d'un coup sa coquille après une incubation lente qui avait échappé aux regards endormis de la diplomatie européenne et se placer, en quelques années, au premier rang des grandes nations industrielles, en attendant qu'il se place au premier rang des grandes puissances militaires; nous avons nommé le Japon.

C'est seulement en 1897 que le gouvernement japonais, suivant l'exemple des États-Unis, opère sa réforme douanière et devient résolument protectionniste. En un clin d'œil il constitue sur son sol toutes les grandes industries en empruntant à l'Europe sa science industrielle et son matériel le plus perfectionné. Une fois en route il brûle les étapes et les résultats qu'il obtient tiennent du prodige : le Japon, qui n'avait encore que 518 000 broches de filature de coton en 1895, en possédait déjà 1 400 000 en 1902. Sa production de houille,

qui ne dépassait guère 3 millions de tonnes en
1893, s'élevait en 1901 à 8 millions de tonnes.
D'importateur qu'il était quelques années aupa-
ravant, il est devenu brusquement exportateur et
exportateur des plus redoutables : son exportation générale qui n'était en 1898 que de 25 millions de yens (2 fr. 50 le yen) a été en 1903
de 289 millions de yens. Celle des tissus de coton,
qui s'élevait déjà en 1902 à 63 millions de francs,
s'est élevée en 1903 à 101 millions de francs.
Pour la soie, les progrès du Japon sont plus
considérables encore : son exportation en tissus
de soie représente pour 1903 la somme énorme
de 289 millions de francs.

Ce mouvement d'expansion ne s'arrêtera pas
là; les prodigieux succès qui font désormais du
Japon une grande puissance militaire ne sont
que la préface des victoires économiques qui
l'attendent et sur lesquelles il compte bien;
car il n'a pas fait la guerre pour autre chose
et sa lutte contre la Russie n'a été que l'affirmation de son dessein bien arrêté de s'emparer du marché de l'Asie et d'y régner en maître.
Les grandes nations de l'Europe, qui ont vu
d'un œil bienveillant l'agression de ce petit peuple contre le géant russe et qui se sont réjouies
secrètement de l'humiliation de la Russie, ap-
prendront un jour à leurs dépens que la jalousie
est mauvaise conseillère, et qu'elles n'ont fait

en réalité que favoriser le jeu du plus redoutable de leurs concurrents. Nous en dirons autant des États-Unis qui se sont bercés un instant de l'espoir de devenir les fournisseurs du Japon et qui bientôt seront, non seulement chassés de son marché, mais traqués par lui sur le grand marché de Chine qu'ils se réservaient dans leurs rêves.

Il faudrait être aveugle pour ne pas voir que le Japon se prépare à jouer le même rôle économique en Extrême-Orient que l'Allemagne en Europe après 1870, avec cette différence, qui lui assure une supériorité sur l'Allemagne elle-même, qu'il est dans son île aussi inaccessible et plus invulnérable que l'Angleterre.

La guerre de Mandchourie n'a été dans sa pensée que la première application d'une nouvelle doctrine de Monroë à la race jaune. Il se croit appelé à prendre la tête de la race et il la prendra; son ascendant sur elle sera irrésistible après les grandes victoires qu'il vient de remporter sur les blancs.

Il est probable qu'il n'en abusera pas tout de suite et qu'il ne voudra pas pousser ses avantages militaires trop loin dans la crainte de les compromettre et de provoquer une coalition générale contre lui. Il se contentera sans doute d'organiser silencieusement la Chine guerrière comme il s'est organisé lui-même et de la tenir

dans sa main pour s'en servir quand l'heure de
la grande lutte contre les blancs aura sonné et
qu'il se sentira assez fort pour braver tout le
monde. Jusque-là il se contentera du rôle d'envahisseur économique et d'envahisseur sans scrupule.

Sur ce terrain il peut, avec plus d'assurance encore, provoquer les mieux armés et personne n'est
en état de lutter avec lui. Il a la main-d'œuvre pour
rien, une classe ouvrière intelligente, laborieuse,
artiste et très docile; son état-major industriel,
formé dans les premières écoles et les plus
grands établissements de l'Europe, est en état de
conduire les soldats de l'industrie comme le
grand État-Major a conduit son armée elle-même.
Quant à son matériel industriel, il vaut son matériel de guerre, il est du dernier modèle et ne
laisse rien à désirer.

Le Japon est donc en état de produire dans de
meilleures conditions que l'Europe et l'Amérique,
et comme la clientèle de la Chine est à ses
portes, toute prête à lui tendre les bras et à lui
donner la préférence sur tous ses concurrents, sa
victoire définitive ne peut guère faire de doute
et avant peu il est probable qu'il régnera en
maître sur un marché de plus de 400 millions de
consommateurs.

Jamais pareille révolution ne se sera vue dans
l'histoire du monde et il est bien tard maintenant

pour l'arrêter. Les avertissements n'ont cependant pas manqué à l'Europe et ils sont venus de partout. En France, le péril jaune a été dénoncé il y a longtemps déjà par M. Edmond Théry[1], qui a été un précurseur ; et M. Edmond Théry n'entrevoyait alors que le péril économique qui est aujourd'hui doublé d'un péril international. Il dénonçait la toute-puissance économique de ce peuple ambitieux à l'excès, qui grandissait à vue d'œil et menaçait de tout écraser sous sa concurrence triomphante. Ses prédictions sont en train de se réaliser, à moins que l'Europe, se réveillant de sa léthargie et oubliant tout ce qui la divise, ne trouve le moyen de s'entendre pour garder ses positions en Asie, en opposant à l'invasion jaune une barrière infranchissable. Rien n'est perdu encore ; mais il n'y a plus une faute à commettre ni une minute à perdre.

IV

Après avoir ainsi dressé la carte économique du monde, tâchons maintenant de la comprendre et de lire dans l'avenir. Il saute tout de suite aux yeux que l'entrée en scène des États-Unis et du

1. *Le Péril jaune,* par M. Edmond THÉRY, chez Flammarion.

Japon, en attendant celle du Canada, a bouleversé de fond en comble la situation industrielle
de la vieille Europe et, ce qui est affligeant,
c'est qu'elle ne paraît pas s'en douter. Elle dirige sa production comme si rien n'était changé
autour d'elle, comme si elle était toujours maîtresse de ses destinées; elle agit comme si
elle ne voyait rien de ce qui se passe. Par une
sorte d'ironie, plus ses débouchés se rétrécissent et se ferment, plus elle développe son outillage, plus elle semble vouloir conquérir le
monde.

Le plus simple bon sens lui dictait cependant
une orientation plus prudente. En face de ce mouvement prononcé qui pousse successivement tous
les peuples à se faire industriels et qui n'a pas dit
son dernier mot[1], de ce déchaînement de la concurrence universelle, qui rend la lutte de plus

1. Chaque année voit une nation nouvelle faire un pas vers
son émancipation industrielle. Voilà le Mexique par exemple
qui avance à grands pas et gagne tous les jours du terrain :
dans l'industrie du coton il possède aujourd'hui 1 million
450 000 broches et 25 000 métiers mécaniques; celles de la
laine et de la soie commencent à s'organiser. En 1902, la République Mexicaine comptait déjà plus de 6000 établissements
industriels occupant 177 000 personnes.

Avant peu ce sera le Canada qui à son tour entrera en scène,
et avec la puissance des moyens dont il dispose, on peut s'attendre à un mouvement d'expansion analogue à celui des États-
Unis ; un pays qui produit déjà 250 000 tonnes de fonte ne peut
pas s'arrêter en route.

Il n'est pas jusqu'aux nations de l'Europe en apparence les
plus retardataires au point de vue industriel qui ne s'agitent

en plus difficile sur les marchés étrangers, il devenait évident que l'industrie européenne devait
renoncer à prendre l'offensive partout, et que
ce qu'elle avait de plus sage à faire était de
se replier sur elle-même, de modérer son élan
et de retenir sa production au lieu de l'accélérer.

Elle a malheureusement fait tout le contraire
depuis quelques années surtout. Plus ses débouchés se rétrécissent, plus elle s'enfle, plus elle
construit d'usines, plus elle augmente sa production; au lieu de se réfugier dans les spécialités
où elle excelle, où elle a une avance notoire et
que son génie industriel pouvait lui conserver, elle
s'est jetée dans la grande fabrication courante qui
est à la portée de tout le monde, et pour l'écouler
elle se voit aujourd'hui acculée aux expédients les
plus ruineux.

Il est juste de dire que l'Allemagne a la plus
grande responsabilité dans cette marche en avant;
c'est elle qui, enivrée par sa grande situation
dans le monde, entraînée par ses savants, ses

aujourd'hui pour entrer dans le courant général. C'est ainsi que
la Hongrie, pays essentiellement agricole, manifeste l'intention
de retirer sa clientèle à l'industrie autrichienne pour se constituer une industrie nationale. Grâce aux primes que lui alloue
le Gouvernement hongrois, elle a fondé, dans le premier tri-
mestre 1904, 96 fabriques nouvelles; 15 sont des fabriques de
tissus, 8 travaillent le fer, 4 sont des fabriques de papier, 10 des
fabriques de produits chimiques. Encore un débouché qui va se
fermer!

ingénieurs, ses financiers et son gouvernement lui-même, a donné la première impulsion en se lançant éperdument dans la grande industrie et en manifestant l'intention de conquérir le monde. Les autres nations de l'Europe n'ont fait que suivre son exemple et marcher dans son sillon.

Ses premiers succès ont été étourdissants et on reste confondu du chemin qu'elle a fait en quelques années. Il est vrai que l'abondance de ses richesses naturelles restées inutilisées pendant longtemps justifiait sa haute ambition. Ses mines de charbon qui contiennent des réserves égales sinon supérieures à celles de l'Angleterre, ses mines de fer, qui lui fournissent à proximité de ses usines d'excellent minerai, lui permettaient de constituer de toutes pièces une industrie métallurgique en état de lutter avec avantage sur tous les marchés du monde. Elle y a ajouté les industries chimiques dont elle a fait un véritable monopole tant elles laissent loin derrière elle les industries similaires des autres pays ; son commerce annuel pour ce seul chapitre s'élève au chiffre énorme de 1400 millions.

Le mouvement de ses exportations atteste son extraordinaire puissance d'expansion : elles ont passé de 3 milliards 819 millions en 1893 à 5 milliards 130 millions en 1903 et à 5 milliards 259 millions en 1904, soit une augmen-

tation de 31 et 34 pour 100. Elle a même dépassé en 1901 le chiffre de 6 milliards[1].

Mais si l'Allemagne tient aujourd'hui la tête de
l'Europe continentale par l'énorme chiffre de son
exportation, ce n'est pas elle cependant qui représente la progression la plus forte. La fièvre qui la
possédait a tellement gagné le reste de l'Europe,
l'émulation qu'elle a suscitée autour d'elle a été
si contagieuse que certaines nations sont parve-
nues à la devancer pour la proportion de leur
exportation et que les autres la suivent de très
près. C'est ainsi que pendant la période de 1890-
1904 l'exportation de l'Italie a augmenté de
63 pour 100, celle de la Russie de 57 pour 100, de
la Belgique de 43 pour 100, de la Suisse de 26 pour
100, de la France de 19 pour 100, de l'Angleterre
de 15 pour 100, de l'Autriche de 13 pour 100.

Qu'est-ce à dire, sinon que tous les grands
pays producteurs de l'Europe ont été entraînés
les uns après les autres dans le courant uni-
versel, et que chacun d'eux, après s'être assuré
d'abord sa clientèle intérieure, a entrepris à son
tour de s'emparer de la clientèle des autres et de

---

1. Dans l'industrie métallurgique, l'Allemagne tend de plus en
plus à substituer en Europe sa suprématie à celle de l'Angleterre. Qu'on en juge par cette simple comparaison : de 1898 à
1902 les exportations de l'Allemagne pour l'Europe, Angleterre
comprise, ont augmenté de 72 pour 100, pendant que celles de
l'Angleterre pour l'Europe, Allemagne comprise, baissaient de
43 pour 100.

prendre pied partout sur les marchés étrangers.

On voit d'ici la physionomie saisissante de la grande bataille économique engagée d'un bout du monde à l'autre par les plus puissantes nations depuis moins de quinze années. Deux colosses nouveaux se dressent face à face, les États-Unis en Amérique et l'Allemagne en Europe, qui se réunissent contre l'Angleterre en même temps qu'ils cherchent à s'entre-dévorer. Ils jettent sur la masse des consommateurs un déluge de produits à bon marché pour s'arracher leur clientèle. Les autres nations, bien loin de se garer du danger en restreignant leur production, la renforcent de plus en plus dans l'espoir chimérique d'arriver elles aussi, par la grande concentration industrielle, à écraser leurs concurrents. Chacun marche à l'aveugle; la seule question qu'on ne se pose pas est celle de savoir s'il y a suffisamment de consommateurs pour faire les frais de cette orgie productrice. On ne commence à y songer que depuis que la crise industrielle sévit un peu partout et met en danger les industries les plus florissantes.

C'est ainsi que nous arrivons à la troisième période de l'histoire de l'industrie, celle où nous sommes entrés depuis quelques années et que nous croyons pouvoir appeler la période de surproduction et d'engorgement industriel

CHAPITRE II

L'ENGORGEMENT INDUSTRIEL

I. Troisième période de l'histoire de l'industrie. — Surproduction et engorgement industriel. — Production mondiale de la fonte et du fer. — Crise de 1901, ses causes et sa durée.

II. L'exportation criterium de la surproduction. — Son développement extraordinaire dans ces dernières années.

III. Cartels allemands. — Leur transformation. — Ententes pour la limitation de la production. — La sidérurgie.

IV. Objection. — La surproduction n'existe pas, tout se vend. — Baisse générale des prix des principales marchandises depuis 30 ans. — Statistiques Sauerbeck.

I

La surproduction rencontre encore, nous ne l'ignorons pas, un certain nombre d'incrédules et de sceptiques; il est vrai qu'on les rencontre surtout en dehors de l'industrie. Quant aux industriels, ils ne la révoquent plus en doute; ils savent trop bien l'importance croissante de leurs stocks pour se faire des illusions à ce sujet.

Il leur suffit d'ailleurs de regarder autour d'eux les usines qui, depuis quelques années, s'élèvent partout et de constater la frénésie qui pousse tout le monde à produire, à produire toujours davantage, pour comprendre que l'équilibre se rompt

de plus en plus entre la production et la consommation.

Mais ce sont-là, nous dira-t-on, de pures sup-
positions, et, ce que nous voulons, ce sont des
preuves, des preuves scientifiques. Essayons donc
de les donner, de façon à satisfaire les plus exi-
geants.

Nous convenons volontiers que la preuve ri-
goureusement mathématique est difficile à donner; il faudrait pour cela connaître à la fois
l'importance exacte de la production du monde
et celle des besoins de la consommation. C'est
un genre de statistique qui n'existe pas encore,
mais qu'on fera un jour, nous n'en doutons pas.
Elle est déjà commencée, et en bonne voie, pour
la production, comme nous le verrons tout à
l'heure. Ce qui paraît plus difficile, c'est d'arriver à une évaluation un peu précise des besoins
de la consommation, et cependant le problème
n'est nullement insoluble. On serait déjà bien
près de la vérité si l'on pouvait recenser, pour
toutes les industries du monde, l'importance des
stocks, et on voudra bien nous accorder que c'est
chose très possible; on pourrait aussi demander
au commerce de vente, toujours si bien renseigné,
puisqu'il vit en contact permanent avec la clientèle, d'apporter son appréciation sur les mouvements et les oscillations de la consommation. En
rapprochant toutes ces données, on arriverait cer-

tainement et plus tôt qu'on ne croit à dresser le bilan de la consommation probable, pour nos principales industries. C'est un des progrès de l'avenir les plus souhaitables en matière de statistiques.

Malheureusement, il n'est pas encore réalisé et nous sommes réduits à y suppléer par d'autres moyens d'investigation. Le premier que nous rencontrons, c'est la statistique de la production mondiale de certaines industries qu'on peut considérer comme le baromètre de toutes les autres, parce qu'elles en constituent la clef de voûte; leur production permet de mesurer presque exactement l'état de développement des industries qui en dérivent et qui sont leurs tributaires. La première est celle des charbonnages; le charbon constituant la force motrice qui préside à la vie de l'industrie, on peut aisément mesurer à l'importance de son extraction l'intensité du développement industriel.

Sur ce premier point comme sur beaucoup d'autres, nous sommes renseignés par l'*Office international d'Anvers*, qui a été fondé pour dresser la statistique mondiale de la production de nos principales industries et du mouvement commercial qui s'y rattache; nous aurons plus d'un emprunt à faire aux tableaux si intéressants, si suggestifs qui ont déjà paru. Pour la houille, l'*Office* nous donne les chiffres de production suivants :

1870, 203 millions de tonnes — 1890, 469 millions de tonnes — 1900, 694 millions de tonnes — 1902, 749 millions de tonnes.

On remarquera l'importance de la progression aux différentes époques. De 1890 à 1900, la progression est de 225 millions de tonnes, soit une moyenne de 22 millions et demi par année, ce qui est déjà un chiffre énorme, tandis que, de 1900 à 1902, elle est de 55 millions, soit 27 millions et demi par année.

Ce que nous disons de la houille, on peut le dire du fer qui est également la matière première d'innombrables industries.

La maison James Watson et Cie, de Glasgow, a publié tout récemment une statistique de la production mondiale du fer brut en 1903. Il résulte de ses tableaux que cette production, qui était déjà de 39 millions de tonnes en 1901, s'est élevée à 43 millions en 1902 et à près de 46 millions en 1903. L'accroissement est donc de 15 pour 100 en trois années. L'Allemagne seule a progressé de 25 pour 100 pendant cette courte période.

Les deux documents que nous venons d'analyser nous apportent la preuve que l'année 1900 a été comme le commencement, le point de départ de la période la plus aiguë de l'histoire de la grande industrie, celle de la surproduction. Tout le monde se souvient d'ailleurs de ce qui s'est

produit à ce moment : l'exécution de grands travaux publics dans les différentes parties du monde,
la création de nombreuses lignes ferrées, enfin le
développement des industries électriques avaient
provoqué un afflux de demandes tellement pressantes que l'outillage industriel existant ne pouvait y suffire. On commit alors l'erreur grave de
croire que ce qui était accidentel deviendrait permanent et on se mit à construire partout des
usines comme si la consommation générale avait
tout d'un coup doublé.

Il arriva une autre chose plus extraordinaire encore : le réveil industriel ne s'arrêta pas à la métallurgie, qui se trouvait seule dans cette situation
d'avoir des commandes exceptionnelles. Les autres industries, grisées par la contagion de l'exemple, entraînées par les hauts prix du charbon,
s'imaginèrent à leur tour que la consommation de
leurs produits allait aussi monter extraordinairement et qu'on marchait à une reprise d'affaires
sans précédent et définitive. On vit alors les industries textiles s'agrandir partout et les broches
et les métiers sortir de terre comme par enchantement.

L'illusion fut d'autant plus grande que notre
Exposition universelle de 1900, qui fut si brillante
et qui révéla les merveilleux progrès de la technique industrielle, donna au même moment comme
un coup de fouet à la consommation générale ; ce

n'était malheureusement qu'un coup de fouet, et on ne tarda pas à s'en apercevoir.

Si l'on avait un instant réfléchi au lieu de s'emballer les yeux fermés, on se serait dit que la consommation, de nos jours surtout où elle est toujours si largement approvisionnée, ne fait jamais de ces sautes brusques, de ces grandes enjambées et que, si elle progresse toujours, elle progresse lentement. Quand elle est saturée outre mesure, comme c'est le cas depuis 1900, elle a même une tendance à reculer.

La conséquence de tant d'imprudence a été que les grandes nations industrielles, se trouvant chargées d'un excès de production que leurs consommateurs étaient incapables de digérer, se sont trouvées acculées à la nécessité de l'expédier au dehors à tout prix pour éviter un krack intérieur et un arrêt du travail d'où pouvaient sortir les crises sociales les plus redoutables.

II

C'est la seule raison qui puisse expliquer le mouvement d'exportation général tout à fait extraordinaire et anormal qui a marqué ces dernières années et qui constitue un fait économique digne de la plus sérieuse attention, car il intéresse toutes les nations au même degré. Il n'est pas, en effet, de plus sûr critérium de l'importance de la production d'un pays et de sa puissance de développement économique, surtout pour les grandes industries que nous appellerons de consommation courante, comme la métallurgie ou les textiles, que les soubresauts ascensionnels de l'exportation.

Qu'est-ce, en effet, que l'exportation dans les industries dont nous parlons qui ne sont pas des industries de spécialités, sinon le trop-plein de la production qui, ne trouvant plus d'acheteurs sur le marché intérieur, est obligé d'aller les chercher au dehors ; il est manifeste que ce trop-plein est d'autant plus considérable que la production intérieure est plus forte et dépasse davantage les besoins de la consommation.

Qu'on nous entende bien : nous ne prétendons pas que l'exportation soit nécessairement partout et toujours synonyme de surproduction. Il y a l'exportation normale qui consiste à travailler pour l'étranger en lui fournissant les produits qu'il ne fabrique pas ou qu'il ne fabrique pas en assez grande quantité ; jusqu'à ces derniers temps on ne connaissait guère d'autre exportation que celle-là, et elle avait conservé son caractère traditionnel. C'était l'époque où l'on travaillait encore sur commande pour les marchés étrangers qui se disputaient certains articles, si bien que la demande était souvent supérieure à l'offre.

Aujourd'hui, les temps sont bien changés et

les mœurs commerciales se sont transformées
avec les conditions de la production. La grande
industrie ne considère plus les marchés d'exportation que comme un déversoir pour l'excédent
de sa production ; quand le marché intérieur est
prospère et qu'il achète beaucoup, l'industrie
arrête ou suspend son exportation comme nous
l'avons vu dans ces dernières années aux États-
Unis où la métallurgie, ayant pu écouler son
énorme production dans la construction de ses
chemins de fer et de ses usines, a suspendu un
instant son exportation, pour la reprendre aussitôt que les besoins intérieurs ont été satis-
faits.

Ce qui caractérise en général ces exportations,
c'est qu'elles se font à vil prix et par grandes
masses ; aussi les a-t-on appelées avec raison des
exportations de liquidation. Il est notoire que ce
sont elles qui ont fait dans ces dernières années
le plus gros chiffre des statistiques commerciales
des grands pays producteurs[1].

---

1. La nature de ces exportations prouve suffisamment ce que
nous disons. Il est remarquable en effet qu'elles portent surtout
sur des produits de grande consommation que la plupart des
nations peuvent produire et qu'elles vont sur des marchés qui
pourraient parfaitement suffire à leurs besoins. Il n'est pas douteux par exemple que lorsque l'Allemagne envoie ses fontes et
ses fers en Belgique, en Angleterre et aux États-Unis, ce n'est
pas parce que ces pays sont incapables d'en produire assez, c'est
parce que le marché allemand en est encombré et qu'il faut les
écouler quelque part à n'importe quel prix.

monde en quête de consommateurs nouveaux depuis 1897.

Personne n'oserait soutenir sérieusement que, dans ce court intervalle, la consommation normale du monde a augmenté dans les mêmes proportions. L'augmentation de la population du globe qu'on invoque quelquefois pour l'expliquer n'autorise pas une pareille déduction; son mouvement ascendant est infiniment plus lent et plus régulier[1].

On ne peut pas soutenir davantage que l'augmentation du bien-être général, qui est, nous le reconnaissons, un des facteurs les plus puissants de la consommation, suffit à justifier ce mouvement ascendant si rapide de la production. Le bien-être est comme la population; il suit dans sa marche un mouvement régulier, il ne

1. La statistique tout à fait exacte du dénombrement de la population mondiale est encore à faire et la raison en est simple : elle se corrige tous les jours par les renseignements plus précis qui nous arrivent des contrées relativement inconnues comme le centre de l'Afrique ou de la Chine. Les rectifications opérées tendent à réduire les chiffres anciens en les ramenant à plus de vérité. Donnons ceux qui nous paraissent le plus sévèrement contrôlés et plaçons en première ligne la statistique du bureau des longitudes dressée d'après les travaux si consciencieux, si précis de M. Levasseur, notre grand statisticien français : elle donne pour la population du monde en 1878, 1439 millions d'habitants, pour 1890, 1483 millions et pour 1904, 1523 millions. Les statistiques allemandes donnent des chiffres un peu différents : 1391 millions pour 1876, 1433 millions pour 1883, 1480 millions pour 1891 et 1503 millions pour 1904; une autre statistique allemande donne pour 1904, 1532 millions.

marche pas par à-coups ; il suffit pour s'en convaincre de consulter la statistique des fortunes des
différents pays. Nulle part, sauf aux États-Unis [1],
on ne découvre dans ces dernières années cette
ascension vertigineuse des petites et moyennes
fortunes ; quant à l'ouvrier, il est sans doute aujourd'hui mieux logé, mieux nourri qu'autrefois
et il peut se donner des jouissances qu'il ignorait il y a un demi-siècle, mais en 1900 il jouissait déjà, à peu de chose près, des mêmes avantages et il n'apparaît pas que sa situation ait
sensiblement changé depuis cette époque.

S'il en est ainsi, il ne reste plus qu'une explication possible de l'extraordinaire poussée de
l'exportation dans tous les grands pays, c'est
l'état de pléthore de la plupart des marchés et
l'excès de leur production.

III

Les Allemands n'hésitent plus du reste à le
reconnaître et il faut leur rendre cette justice
qu'après avoir été une des principales causes de
la crise industrielle, ils cherchent aujourd'hui à
réparer leur faute. Dès qu'ils se sont aperçus que

---

1. On estime que la richesse des États-Unis qui était déjà en
1880 de 42 milliards de dollars s'élevait en 1900 à 94 milliards,
soit 1235 dollars par tête au lieu de 850.

l'excès de leur production les menaçait d'un krach prochain, ils ont tout de suite essayé de dégager leur marché par un moyen empirique; ils ont organisé leurs cartels en vue de l'exportation avec le raffinement le plus savant.

Ils en ont fait sortir, grâce aux droits de douane qui leur permettaient de monter leurs prix sur le marché intérieur, des primes d'exportation qui leur ont, pendant un certain temps, assuré une supériorité incontestable sur tous leurs concurrents. Le mécanisme du *dumping* est trop connu pour que nous y insistions, et nous ne voulons pas nous engager à ce sujet dans une discussion qui sortirait de notre cadre. Nous nous bornons à enregistrer le phénomène des cartels comme une preuve éclatante de l'excès de la production en Allemagne[1].

Mais les industriels allemands, qui sont des esprits éminemment pratiques, ont fini par comprendre que l'exportation à jet continu ne pouvait avoir qu'un temps, parce qu'elle n'était qu'un expédient et non un remède; elle peut bien servir à l'écoulement momentané, accidentel du trop-

---

1. C'est grâce aux cartels, comme nous l'avons dit, que les exportations de fontes allemandes rien que pour l'Europe, Angleterre comprise, ont augmenté de 72 pour 100 pendant que les exportations de fontes anglaises baissaient de 43 pour 100. Pour les pays d'outre-mer en dehors des États-Unis l'exportation allemande, quoique moins considérable, a encore passé de 1 million 544 tonnes en 1897 à 2 millions de tonnes en 1902.

plein qui écrase le marché intérieur, mais si ce trop-plein se maintient, si les stocks se reconstituent au fur et à mesure de leur liquidation, le malaise du marché passe à l'état endémique et la crise est sans issue.

On aboutit ainsi par la force des choses à cette conclusion qu'il faut tôt ou tard, quand la production déborde trop et que le marché intérieur est saturé, limiter la production elle-même et la réduire. Tous les autres moyens ne sont que des palliatifs insuffisants.

C'est ainsi que les industriels allemands sont arrivés aujourd'hui à faire porter tout leur effort sur la limitation de la production bien plus que sur le développement de leur exportation. Pour cela, ils ont encore recours aux cartels dont ils se servent pour réglementer la production en la répartissant jusqu'à concurrence d'un *quantum* déterminé entre les établissements syndiqués. Cette répartition est faite avec une équité parfaite d'après la capacité productive des usines et l'état du marché; chaque industriel connait d'avance la limite assignée à sa production et n'a plus la tentation de la franchir.

L'industrie allemande vient de faire dans cette voie un pas plus hardi encore et auquel personne ne pouvait s'attendre. Non contente de désarmer à l'intérieur, elle songe aujourd'hui à désarmer même à l'extérieur et elle a proposé tout récemment à ses plus redoutables concurrents de l'industrie sidérurgique un arrangement et une alliance.

Nous n'inventons rien; tout le monde sait aujourd'hui que le cartel allemand de l'acier (le Stahlwerkverband) a invité les fabricants de rails et de poutrelles Anglais, Belges et Français, à une entente aux termes de laquelle la participation de chaque nation contractante dans les marchés d'exportation pour les rails et les poutrelles serait limitée pour chacune à un quantum qui ne pourrait être dépassé, les usines de chaque pays conservant bien entendu leur individualité et leur indépendance. L'accord est aujourd'hui définitif et on assure qu'il comprendra bientôt les États-Unis eux-mêmes.

Ce consortium d'un nouveau genre est certainement, par son principe même, un des événements économiques les plus considérables de ces dernières années. Nous n'avons pas à l'examiner au point de vue de la répercussion qu'il peut avoir sur les industries intéressées et qui ne peut être que très avantageux pour elles; si nous en avons parlé avec un peu de détail, c'est parce qu'il nous apporte l'argument le plus puissant en faveur de notre thèse.

Cette entente forcée des plus puissantes nations industrielles du monde pour limiter et réduire leur exportation elle-même n'est-elle pas l'aveu le plus éclatant de la pléthore industrielle et de la surproduction générale? En signant ce traité d'un nouveau genre, elles ont ainsi reconnu implicitement qu'il n'y avait plus de place pour tout le monde sur les marchés d'exportation, qu'ils étaient tellement saturés qu'il était inutile de s'obstiner à les enlever de vive force, que la surenchère au rabais ruinait l'industrie et ne pouvait conduire qu'à des catastrophes, et que le plus sage était de s'entendre et de se répartir la clientèle en réduisant la production aux proportions que comportent les besoins de la consommation générale.

De tout cela, nous nous croyons autorisés à conclure que le mouvement ascendant de la production industrielle va prochainement arriver à son cran d'arrêt pour se régulariser ensuite sur les exigences mieux connues de la consommation.

C'est parce que nous entrevoyons cette évolution, et qu'elle nous paraît inévitable, que nous voudrions la faciliter en préparant le passage d'un état à l'autre et en cherchant les moyens de corriger le désarroi qu'elle va jeter dans les cadres du travail.

IV

Mais, nous l'avons dit, notre thèse rencontre encore de nombreux contradicteurs et il est nécessaire de passer en revue les objections qu'ils lui opposent.

Il y a d'abord les optimistes quand même, que rien ne trouble et qui rejettent négligemment toutes les crises sur la fatalité des lois économiques ou plutôt qui les nient, parce qu'ils considèrent la surproduction comme une chimère et le rêve d'esprits mal faits. La preuve que la surproduction est un pur fantôme, tout au plus bon à effrayer les petits enfants, s'écrient-ils, c'est que tout ce qui se produit se vend et qu'il y a toujours des acheteurs pour tout; on n'a jamais entendu dire que des industriels aient jeté leur fonte ou leurs tissus à la mer faute d'acheteurs.

Sans doute, et il est bien certain que le producteur préférera toujours vendre à vil prix sa marchandise plutôt que de la perdre; il est certain aussi qu'on peut toujours tenter les consommateurs par le bon marché. C'est sur cette conception désastreuse que reposent les ventes de marchandises en soldes qui prennent tous les jours une plus grande place dans l'industrie. Si l'on entend mettre l'industrie à ce régime, il faut le dire franchement; mais qu'on n'essaie pas de nier la surproduction, car il n'est pas de preuve plus certaine de son existence que la vente à vil prix des produits d'une industrie.

Quand la production est normale et en rapport avec les besoins de la consommation, le client

court après le producteur, qui est alors le maître
des cours et peut les empêcher de tomber au-dessous de son prix de revient. Quand, au contraire,
la production dépasse les besoins de la consommation, c'est le producteur qui court après le
consommateur et qui cherche à l'enlever à ses
concurrents en lui offrant sa marchandise au rabais.
La surenchère à la baisse devient ainsi la règle
du marché et la misère entre dans l'usine; il y a
là une loi fatale à laquelle personne ne saurait se
soustraire.

Cette loi s'affirme malheureusement depuis une
vingtaine d'années avec une persistance affligeante;
elle a été mise en relief par un grand statisticien
anglais, M. Sauerbeck, qui consacre toute l'activité de son puissant cerveau depuis trente ans à
suivre les oscillations des différents marchés et à
les noter au jour le jour pour les condenser
ensuite en formules de la plus grande précision
et du plus haut intérêt.

Pour mettre ses conclusions à la portée du
grand public, peu au courant de ces problèmes
ardus, il a choisi dans la classification des marchandises celles qui font l'objet des échanges les
plus importants à raison de leur usage courant et
de leur utilité universelle. Il en a trouvé 45 et il
a commencé par établir la moyenne des prix de
ces 45 catégories de produits, dans la période qui
va de 1869 à 1877, qui est la période précédant

le grand mouvement industriel de la fin du
XIXᵉ siècle. Il a fait de cette moyenne la base de
ses comparaisons ultérieures en la représentant
par le chiffre 100, autour duquel ii fait graviter
chaque mois et chaque année, soit en hausse, soit
en baisse, la valeur de ces produits.

Si donc on veut se rendre compte de la marche
générale des prix depuis 1877, il suffit de prendre
les deux chiffres extrêmes, celui du point de
départ, la moyenne de 1869 à 1877 et le chiffre
de 1904. On tombe ainsi de 100 à 70, soit une
diminution de 30 pour 100. Il est juste de dire
que dans l'intervalle les prix ont passé par des
variations nombreuses, qu'ils sont descendus en
1896 et 1897 à 61 et 62, tandis qu'en 1900 ils se
sont relevés à 75 pour redescendre ensuite à 69
pour 1902 et 1903; mais ces oscillations mêmes
ne font que confirmer la loi générale que nous
essayons d'établir: d'une part la tendance con-
stante à la baisse depuis 25 ans, et d'autre part la
coïncidence des bas prix avec l'excès de production.

Mais, nous dit-on, vous négligez dans votre raisonnement deux facteurs essentiels qui expliquent
la baisse inévitable des prix sans que la surproduction y soit pour quoi que ce soit, c'est la
baisse des matières premières et les progrès de la
fabrication résultant du perfectionnement des
machines.

Nous en convenons volontiers et il ne viendra à la pensée de personne de nier des faits aussi évidents; mais ils ne suffisent pas à justifier la baisse anormale des prix. L'influence qu'ils exercent sur le prix de revient des produits est facile à calculer pour chaque industrie et on peut aisément lui faire la part qui lui revient. Chaque industriel sait parfaitement ce que représente pour sa production la baisse de la matière première qui n'est du reste pas si importante qu'on veut bien le dire, sauf peut-être pour le coton; il sait aussi ce que représente le perfectionnement des machines et, quand il se plaint de la baisse des prix, c'est bien entendu déduction faite des éléments qui ont abaissé ses frais de production. Il est à noter, d'ailleurs, que, si la matière première a baissé, la main-d'œuvre a considérablement augmenté dans la plupart des industries.

Demandez, par exemple, à un filateur ou à un tisseur de coton de vous établir son prix de revient en 1897 et aujourd'hui en le rapprochant de son prix de vente; il n'aura pas de peine à vous démontrer que son prix de vente a baissé dans une proportion infiniment plus forte que son prix de revient, ce qui le constitue en perte. Le calcul vient d'être fait avec une précision rigoureuse par le syndicat de l'Union des Textiles pour la chaîne 28, qui est le numéro de fil classique pour le coton; afin de rendre sa démonstration indis-

cutable, l'Union a séparé les frais de fabrication
du prix de la matière première et elle est arrivée
à cette constatation que la marge laissée à l'industriel sur son prix de vente pour ses frais de
fabrication qui était en 1875 de 1 fr. 56 n'était
plus en 1903 que de 60 centimes.

Il faut le dire, ce qui constitue la crise actuelle
pour un grand nombre d'industries, ce n'est pas
la modicité du bénéfice, c'est la vente au-dessous
du prix de revient, la vente à perte, qui force
l'industriel à entamer son capital d'année en
année; et la crise durera tant que l'équilibre ne
sera pas définitivement rétabli entre la production
et la consommation, ce qui n'est possible que par
une réglementation méthodique de la production
d'après les possibilités des différents marchés.
Qu'on le veuille ou qu'on ne le veuille pas, c'est
à cette réglementation qu'il faudra bien ·en venir
un jour ou l'autre, sous une forme ou sous une
autre; le pays qui la tentera le premier en sera
vite récompensé.

CHAPITRE III

LA FRANCE — LE MACHINISME

I

Maintenant que nous avons fait le tour du
monde, arrivons à la France dont nous ne nous
sommes éloignés qu'en apparence ; car cette revue
internationale était nécessaire pour apprécier avec
sûreté et impartialité sa situation économique
actuelle. Ses relations avec toutes les nations du
monde la rendent solidaire du mouvement général
de la production dont elle subit les contre-coups
inévitables.

Comme les autres, elle a vu se fermer devant
elle des débouchés anciens et fructueux au fur et

à mesure que ses clients des différents pays se sont émancipés au point de vue industriel et ont installé chez eux des industries rivales des siennes. D'autres marchés lui ont été enlevés par des concurrents plus puissants et mieux armés qu'elle ; ceux de l'Amérique du Sud lui ont été pris en partie par les États-Unis et par l'Allemagne.

Aussi notre situation économique pouvait-elle devenir très grave et tourner à la ruine de nos principales industries si nos colonies ne les avaient secourues à temps en remplaçant les débouchés que nous avions perdus ; la politique coloniale a été, on peut le dire, une œuvre de salut national et la France ne sera jamais trop reconnaissante à Jules Ferry d'avoir si bien lu dans l'avenir et d'avoir conjuré le désastre commercial qui nous menaçait.

Il faut d'ailleurs rendre cette justice à nos industriels qu'ils sont par nature et par caractère plus prudents que ceux des autres pays et qu'ils ont moins cédé que les autres à l'entraînement général ; nous sommes bien obligés de constater, cependant, que certaines de nos industries ont tout de même dépassé la mesure et que leur production dans ces dernières années a manifestement excédé les besoins de la consommation.

Essayons de nous en rendre compte par quelques constatations et quelques chiffres décisifs.

Il y a quelques années déjà un économiste éminent, qui a plus fait que personne pour lancer la
science économique dans sa vraie voie, l'observa-
tion des faits, M. Edmond Théry, dénonçait
la surproduction menaçante dans une préface au
livre si fortement documenté de M. Francis Laur
sur l'Accaparement. Il faisait observer très judi-
cieusement qu'il n'était nullement nécessaire, pour
se faire une idée de la puissance de production
de nos industries, de dresser la statistique compli-
quée de leur matériel de fabrication et qu'il y
avait un moyen plus court et tout aussi sûr d'y
arriver : c'était de relever le nombre des chevaux-
vapeur qui constituent la force motrice de nos
usines. Leur total représente aussi exactement
que possible l'importance et la puissance de tout
le machinisme industriel et par conséquent de la
production elle-même.

Ceci dit, laissons de côté les chiffres de
M. Edmond Théry qui remontent déjà à quelques
années, et faisons l'application de son raisonnement sur les données que nous fournit le dernier Annuaire de statistique du ministère du commerce.

Le nombre des chevaux-vapeur employés dans
l'industrie française était de 863 000 en 1890 ; dix
ans après, en 1900, nous le trouvons plus que
doublé, il s'élève à 1 791 000. Depuis 1900 la
progression s'accentue encore et le nombre des

chevaux-vapeur arrive pour 1902 à 1 994 989, c'est-à-dire à près de deux millions.

Si nous voulions entrer dans le détail de cette statistique générale avec l'Annuaire du Commerce, nous serions amenés à faire des observations très suggestives qui nous mettraient tout de suite sur la trace des industries qui se sont le plus développées et qui sont aujourd'hui le plus en souffrance. C'est d'abord l'industrie métallurgique qui n'utilisait en 1890 que 167 584 chevaux-vapeur et qui en utilise, en 1902, 354 856. La progression est encore plus forte pour les industries textiles qui passent de 172 999 chevaux en 1890 à 434 529 chevaux en 1902.

Si l'on voulait donner de la vie à ces froides constatations, il faudrait faire appel à la méthode de M. Edmond Théry et calculer comme lui ce que ce travail gigantesque des chevaux-vapeur représente de travail humain supprimé. Rien de plus simple que ce calcul qui peut se faire avec une précision presque mathématique d'après le principe admis par les spécialistes qu'un cheval-vapeur représente au point de vue dynamique, comme puissance de travail, la journée de 21 hommes de peine ; c'est ainsi que M. Edmond Théry arrive à cette conclusion finale, que nous sommes au point de vue de la production dans la même situation que si notre population ouvrière avait triplé et que si chaque citoyen français avait aujourd'hui à son service trois esclaves de fer dont les frais de nourriture et d'entretien ne dépassent pas 0 fr. 05 par jour.

Examinons maintenant d'un peu plus près la situation de quelques-unes de nos grandes industries en puisant, toujours dans l'Annuaire du Commerce, des renseignements d'une autre nature de façon à donner toute sa valeur à l'argument que nous avons tiré du nombre des chevaux-vapeur.

II

Prenons par exemple l'industrie cotonnière : rien de plus facile que de suivre son développement. Sa matière première lui vient tout entière de l'étranger et nos statistiques de douanes nous permettent ainsi d'inventorier très exactement l'importance de sa production. Or, elles nous apprennent que l'importation totale du coton en laine livré à la consommation en France qui était en 1890 de 1 250 000 quintaux métriques, déduction faite de la réexportation, s'élevait déjà en 1900 à 1 571 000 quintaux; mais de 1900 à 1903 quel saut prodigieux et invraisemblable! La consommation passe brusquement à 2 188 000 quintaux. Si elle a reculé à 1 750 000 quintaux en 1904, c'est uniquement à cause des hauts prix du coton qui ont monté de 100 pour 100.

Qui oserait dire que cette augmentation est nor-

male et a été provoquée par les besoins de la
consommation! Sans doute les emplois du coton
vont s'étendant sans cesse, on le mêle un peu à
tout aujourd'hui et on lui fait souvent jouer un
rôle qui n'est pas le sien, mais il y a longtemps
déjà que l'expérience se poursuit et elle n'a pas
pris dans ces derniers temps de proportions exceptionnelles.

On allègue aussi que le bon marché croissant
des articles de coton en généralise de plus en plus
l'usage et qu'on les renouvelle plus souvent qu'autrefois, ce qui en augmente le débit; tout cela est
parfaitement vrai, mais ne suffit pas à justifier
l'énorme développement pris par l'outillage de
notre industrie cotonnière dans ces dernières
années. Quand on voit par exemple le nombre de
broches de filature passer en 5 années, de 1898 à
1903, de 5 millions 300 000 à 6 millions 150 000
et celui des métiers, dans la seule région de l'Est,
de 46 000 à 54 000, il est bien difficile d'admettre
que la consommation normale ait fait tout d'un
coup un pareil bond. La vérité, c'est que beaucoup
de ceux qui construisaient fébrilement en 1900
filatures et tissages ne songeaient guère aux besoins de la consommation, ils ne voyaient qu'une
chose, les hauts prix du moment qu'ils considé-
raient bien à tort comme le signal d'une reprise
d'affaires durable et le commencement d'une ère
de prospérité incomparable.

Si l'industrie cotonnière avait jeté attentivement les yeux autour d'elle, elle aurait été avertie par bien d'autres symptômes que son outillage était plus que suffisant. Il s'était fait à côté d'elle dans une autre industrie, l'industrie lainière, une évolution dont elle devait fatalement subir le contre-coup.

On sait par quelles phases difficiles a passé aussi cette grande industrie de la laine qui ne s'est sauvée que par des prodiges de génie; c'était, avec celle de la soie, une de nos plus grandes industries d'exportation. Aussi a-t-elle été plus atteinte que d'autres quand s'est dessiné dans le monde ce grand mouvement, que nous venons d'analyser en détail et qui a poussé la plupart des nations à établir chez elles toutes les branches de fabrication pour lesquelles elles étaient tributaires de l'étranger. La laine ne pouvait pas échapper à la loi commune pas plus que la soie; elle a vu successivement l'Allemagne, les États-Unis, l'Autriche, la Russie, l'Espagne développer leur production lainière et lui enlever une grande partie de ses débouchés. Elle avait un instant pris pied au Japon, qui à son tour se prépare à se passer de nous[1].

1. Le Japon vient de construire trois grands établissements de tissage mécanique pour la mousseline de laine qui était notre meilleure branche d'exportation. L'un est situé à Osaka, les deux autres à Tokio. Si l'on songe qu'au Japon la journée de l'ouvrière est de quinze et même dix-sept heures avec un salaire moyen

Dans une situation aussi critique, qu'avions-nous à faire si nous avions voulu sérieusement venir au secours d'une de nos grandes industries nationales? Notre premier devoir, vis-à-vis d'elle, était de chercher tous les moyens de lui rendre la lutte possible sur les marchés étrangers et pour cela de diminuer ses frais de production.

C'est tout le contraire que nous avons fait; nous nous ingénions tous les jours à augmenter, sous toutes les formes, les charges qui pèsent sur l'industrie. Nos impôts sont les plus lourds du monde et nous les augmentons sans cesse[1]; nous y ajoutons des réglementations de plus en plus onéreuses et coûteuses. Tous les jours on invente au ministère du Commerce, de nouvelles restrictions, de nouvelles entraves qui représentent une perte de temps ou un sacrifice d'argent. Enfin, nous avons imaginé de réduire la journée de travail de deux heures et nous avons fait ce cadeau énorme à nos concurrents gratuitement, sans rien leur demander.

de 25 centimes par jour, on peut se faire une idée de la lutte industrielle qui se prépare à brève échéance.

1. La Société de l'industrie lainière de Fourmies a établi devant la Commission d'enquête parlementaire qu'en France les impôts qui frappent la filature de laine sont trois fois plus élevés qu'en Belgique.

Le même travail a été fait pour le tissage de coton par l'Union des Industries textiles. Il fait ressortir par une comparaison de chiffres des plus précises que le métier qui supporte en Angleterre un impôt de 9 fr. 06, paie en France 12 francs.

Pendant que tous les gouvernements et tous les parlements s'ingénient à susciter chez eux et à favoriser, par tous les moyens possibles, leurs industries nationales, nous prenons un malin plaisir à augmenter sans cesse le poids du boulet que les nôtres ont au pied[1]. Voilà comme on entend chez nous l'intérêt de l'ouvrier : plus on diminue son travail, plus on est satisfait.

Dans l'industrie de la laine, de nombreux établissements ont déjà été fermés : 19 tissages ont disparu à Reims ; à Fourmies, 39 établissements ont dû fermer, 3 à Tourcoing, d'autres à Saint-Quentin.

Ces fermetures ont eu une répercussion tout à fait inattendue et qui nous ramène à notre conclusion pour l'industrie cotonnière ; certains tissages de laine, voulant lutter jusqu'au bout contre la mauvaise fortune, ont préféré se transformer plutôt que de disparaître et sont devenus des tissages de coton. C'est ainsi que le tissage de coton s'est implanté à Fourmies et qu'il a considérablement augmenté à Saint-Quentin. Nous devions signaler cette cause d'augmentation de l'outillage de l'industrie cotonnière parce qu'elle suffit à prouver qu'il n'y avait nul besoin de construire de nouveaux tissages.

1. Le Gouvernement italien voulant développer l'industrie dans le sud de l'Italie vient d'accorder aux établissements nouveaux une dispense d'impôts pendant dix ans et les autorise à

La situation de l'industrie cotonnière devait devenir d'autant plus difficile en France qu'elle a pris partout, dans ces dernières années, un extraordinaire développement et que nos concurrents, non contents de suffire à leur clientèle intérieure, ont vite passé de la défensive à l'offensive en se jetant sur tous les marchés qui nous servaient autrefois de débouchés[1].

Ce que nous venons de dire de l'industrie du coton et de la laine, nous pourrions le dire également de celle de la soie qui a été, pendant si longtemps, la reine du monde, et qui est maintenant battue en brèche partout, en Allemagne, en Italie, en Suisse, aux États-Unis, et voit se

introduire en franchise de droits de douane les machines dont ils ont besoin.

1. L'Allemagne a accru en dix ans ses exportations de coton manufacturé de 30 pour 100, la Belgique de 20 pour 100; aux États-Unis 270 établissements nouveaux ont été créés depuis 1900 et le nombre des broches de filature a passé de 15 millions à 21 millions.

L'Italie elle-même vient en quelques années de faire des pas de géant; ses exportations de tissus de coton, qui n'étaient en 1887 que de 620 000 kilos, s'élevaient en 1900 à 12 350 000 kilos, soit une augmentation de 1892 pour 100! Elle est en train de miner l'influence anglaise en Asie Mineure comme le prouve l'accroissement de ses envois par le port d'Alep.

Quant aux États-Unis, ils ont en dix années, de 1890 à 1900, augmenté leur outillage pour les industries textiles dans des proportions énormes : c'est ainsi que pour le coton ils sont passés de 14 millions de broches à 21 millions, de 324 000 métiers à 490 000; pour la laine de 67 000 métiers à 80 000; pour les métiers de bonneterie de 36 000 à 75 000; pour les broches de soie de 718 000 à 1 426 000 et pour les métiers à tisser la soie de 20 000 à 48 000.

dresser aujourd'hui en face d'elle un nouvel adversaire plus redoutable que tous les autres, le Japon[1].

Si nous passons des industries textiles à la métallurgie, nous constatons qu'elle a passé à son tour par les mêmes illusions et les mêmes épreuves. Elle a aussi trop facilement escompté la hausse des prix et l'abondance des commandes provoquée par les grands travaux publics et par l'Exposition universelle. Elle a également dépassé la mesure, comme le prouve l'augmentation du nombre des hauts fourneaux et elle est obligée de marquer le pas comme les autres. Ce qui l'a sauvée et lui a permis de sortir de la crise beaucoup plus vite que certaines industries, c'est qu'elle a eu le courage de réduire sa production dès qu'elle s'est aperçue qu'elle avait marché trop vite.

Nous nous sommes un peu appesantis sur la situation de nos principales industries et nous avons cru devoir entrer dans quelques détails à leur sujet, d'abord à cause de leur grande impor-

1. Les quantités de matières premières, de soies employées par les différents pays permettent de mesurer les progrès réalisés par nos principaux concurrents : l'augmentation dans la consommation de la soie qui a été de 31 pour 100 pour les nations européennes, qui a atteint 83 pour 100 aux États-Unis, n'a été que de 10 pour 100 pour la France. Depuis 1898 la fabrication des États-Unis dépasse la nôtre ; sa production, qui n'était à cette époque que de 237 000 kilos, s'élève aujourd'hui à 1 million 850 000 kilos.

tance et du nombre considérable d'ouvriers qu'elles occupent — plus de 500 000 dans la métallurgie et de 800 000 dans les textiles — et aussi parce que ce sont celles qui se sont le plus développées et qui souffrent le plus, depuis quelques années, de la pléthore générale.

Si nous voulions pousser nos investigations plus loin et porter notre attention sur la plupart des autres industries, nous découvririons aisément qu'il en est bien peu dont la production, depuis quelques années, n'ait pas toujours sensiblement dépassé les besoins de la consommation.

Il est, du reste, très facile, quand on veut se rendre compte de ce qui se passe dans la tête de l'industriel moderne et des conditions dans lesquelles il travaille, de comprendre l'entraînement irrésistible qui le pousse d'instinct à produire toujours davantage.

Il y a d'abord l'influence du milieu, l'entraînement général qui lance tout le monde dans l'industrie, comme par une sorte de contagion qui s'exerce de proche en proche : aujourd'hui, on est pressé de faire fortune et on s'imagine que l'industrie est le plus court chemin pour y arriver. Tous les ambitieux se jettent du même côté sans se demander si toutes les bonnes places ne sont pas prises, et s'il y en a encore pour les nouveaux venus ; ils croient naïvement que rien n'est changé sur la terre, et parce qu'ils voient des industriels qui, dans le passé, ont réussi au delà de toute espérance, ils ne doutent pas du succès. Ils se disent que là où les autres ont passé, ils passeront bien aussi.

La tentation est d'autant plus grande que la production industrielle est sans limites; c'est en cela qu'elle diffère profondément de la production agricole qui est forcément renfermée dans les limites de la terre cultivable. En industrie, au contraire, le champ d'activité est sans bornes; on peut construire des usines, monter des broches et des métiers tant qu'on veut, parce que les possibilités sont indéfinies.

Ce qui est peut-être plus dangereux encore que la tentation de construire, c'est celle de s'agrandir, qui est au fond de l'âme de tout industriel, parce qu'elle le pousse dans le sens de son intérêt le plus évident. Plus il produit, en effet, plus il réduit ses frais généraux, plus il abaisse son prix de revient, plus, par conséquent, il prend d'avantage sur ses concurrents; il y a là une obsession, une fascination de tous les jours, qui subjugue et entraîne les industriels, souvent les plus prudents, les plus opposés en théorie aux augmentations d'outillage. La concentration industrielle, ce phénomène nouveau qui prend aujourd'hui des proportions presque inquiétantes, n'a pas d'autre cause; chacun espère écraser son voisin par la masse de sa production et rester seul debout sur les ruines de ses concurrents.

[1]

Sur ce terrain nous rencontrons maintenant les adversaires de nos doctrines économiques qui triomphent bruyamment de la surproduction et nous disent : Voilà bien le résultat fatal, inévitable du protectionnisme. La surproduction en est le fruit naturel et les protectionnistes n'ont pas le droit de se plaindre : ils ne font que récolter ce qu'ils ont semé. Les avantages exceptionnels que ce régime de privilège crée au profit des industries favorisées les surexcitent outre mesure et les poussent fatalement à exagérer leur production ; tout le monde se jette du côté où il y a le plus d'argent à gagner et on ne s'aperçoit qu'on a été trop loin que lorsqu'il est trop tard. Le libre-échange nous préserverait d'un pareil danger : personne n'oserait produire avant d'être assuré de trouver des acheteurs. La baisse des prix suffirait à avertir le producteur et à l'arrêter quand il serait tenté de s'oublier ; elle serait un frein pour les plus ardents.

Le raisonnement est spécieux, mais il ne résiste pas aux constatations de l'expérience. Nous ne songeons pas à nier que le système protectionniste est un encouragement pour l'industrie et un stimulant pour la production; qu'elle prenne alors un élan qui dépasse quelquefois le but, c'est possible, qu'elle se laisse imprudemment entrainer à produire sans se préoccuper suffisamment des besoins de la consommation, c'est ce qu'on voit trop souvent. Il faut bien espérer qu'après un certain temps d'expérience, nos industriels comprendront que le régime protectionniste ne dispense pas de surveiller et de régler la production; ils comprendront aussi que la concurrence acharnée qu'ils se font les uns aux autres leur enlève tout le bénéfice de la législation qui les abrite et que l'entente raisonnée vaudrait mieux que la guerre impitoyable.

Mais si le régime protectionniste a l'inconvénient facile à corriger de favoriser la fièvre de la production, ce serait une grave erreur de croire que le remède serait dans le retour au libre-échange et qu'avec le libre-échange la marche des industries et les oscillations des marchés se régleraient d'elles-mêmes.

Il tombe d'abord sous le sens qu'un industriel qui est obligé de chercher ses acheteurs partout dans le monde, qui n'est même pas sûr de garder ceux de son propre marché, vit dans une incertitude continuelle et qu'il connaît bien moins l'état véritable de la consommation que celui qui vit sous le régime de la pro-

tection et qui sait au moins quels consommateurs il peut trouver chez lui; le premier
produit en quelque sorte au hasard et dans
l'obscurité pendant que le second voit clair autour de lui.

Il est un autre mobile que nous venons d'analyser en détail et qui agit avec plus d'énergie encore dans les pays libre-échangistes que dans les
pays protectionnistes: c'est la nécessité pour l'industriel de produire beaucoup pour diminuer ses
frais généraux et réduire son prix de revient.
C'est parce qu'elle a glissé sur cette pente fatale
depuis cinquante ans que l'Angleterre libre-
échangiste a augmenté outre mesure sa production et se voit aujourd'hui à la tête d'un outillage
industriel tout à fait excessif et hors de proportion avec sa clientèle dans le monde qui ne cesse
de se rétrécir.

C'est si vrai et l'entraînement qui l'emporte
est tel qu'en ce moment même, au lendemain de
la crise qui, il y a moins d'un an, atteignait si
gravement son industrie cotonnière, elle reprend
avec une inconscience stupéfiante sa course audacieuse à la production sans frein. Les journaux
anglais nous apprennent en effet qu'on construit
dans la Lancashire de nouvelles usines représentant près de deux mille métiers et de deux
millions de broches; et cela, quand d'un bout
du monde à l'autre on constate que les moyens

de production de l'industrie cotonnière dépassent
de beaucoup les besoins de la consommation
générale !

IV

La vérité, c'est qu'aujourd'hui l'excès de production est un mal endémique qui sévit aussi bien
en pays libre-échangiste qu'en pays protectionniste ; il est entretenu et avivé en dehors des
causes que nous venons d'analyser par un fait
d'un ordre tout à fait différent et d'une extraordinaire puissance, qui n'est pas imputable à
notre régime économique et qui ne relève
même pas de nos industriels. Nous voulons parler du perfectionnement incessant des machines
dont il est impossible de marquer le temps
d'arrêt.

Ces perfectionnements sont de toute sorte : ils
consistent tantôt dans la création de nouvelles
machines qui détrônent les anciennes, tantôt dans
l'augmentation de vitesse des machines anciennes
qui permet d'accroître la production sans qu'aucun signe extérieur le révèle.

Dans les deux cas le résultat est le même ; il se
traduit par une réduction du travail humain, une
diminution de main-d'œuvre inévitable. Personne
au monde ne peut empêcher cela, et nous rencontrons ici une de ces lois économiques primordiales

contre lesquelles il est inutile de s'insurger, quelque douloureuses qu'en puissent être les conséquences.

Elle nous fournit une réponse décisive à une autre objection d'apparence très sérieuse que nous opposent les adversaires irréductibles qui n'admettent pas le phénomène de la surproduction. Vos alarmes sont vaines, s'écrient-il, la surproduction n'est jamais qu'un fait accidentel, qui se corrige de lui-même, et il en sera cette fois comme toujours. Après un certain temps de souffrance, pendant lequel la production se ralentira d'elle-même, le marché général reviendra forcément à un état plus sain; la consommation finira par se réveiller de son assoupissement, de nouveaux consommateurs viendront au monde qui auront des besoins à satisfaire et qui suffiront à rétablir rapidement l'équilibre entre la production et la consommation. Tout est bien qui finit bien.

Nous sommes loin de voir les choses sous un jour aussi optimiste, et nous en avons dit les raisons : nous ne croyons pas que l'esprit de sagesse reparaisse aussi vite et puisse endiguer aussi facilement la fureur productrice qui entraîne les plus prudents. Si le miracle se réalise, nous serons les premiers à y applaudir et nous consentons même à raisonner comme s'il était déjà réalisé.

Supposons donc l'équilibre économique rétabli

comme par miracle et la production, de désordonnée qu'elle était, reprenant son cours normal et
régulier. Les industriels, instruits par une dure
expérience, ne marchent plus qu'à pas comptés,
les yeux toujours fixés sur la consommation; ad-
mettons même que celle-ci a fait un pas en avant
pour absorber l'excédent de production qui pèse
encore sur tant de marchés.

Cela fait, il restera toujours un facteur qui continuera à exercer son action sur les conditions de
la production; ce facteur, c'est le perfectionnement indéfini des machines, qui réduit de plus en
plus la part de la main-d'œuvre. Le phénomène
s'accomplit tous les jours sous nos yeux et ne peut
être mis en doute par personne.

Il atteint aujourd'hui les limites de l'invraisemblable. Les États-Unis, qui exercent dans ce domaine tout leur génie inventif, font chaque jour
une découverte nouvelle qui réduit d'autant le
nombre de leurs ouvriers; n'ont-ils pas inventé
ce nouveau métier pour le tissage du coton, le
métier Northrop, qui n'exige qu'un seul ouvrier
pour la conduite de 8 et même de 12 métiers!
Sans doute, ce métier ne donne encore de bons
résultats que pour les articles courants et très
communs; mais qui peut dire qu'on ne trouvera
pas le moyen de l'adapter à l'ensemble de la
production cotonnière? et alors ce sera la suppression de plus de la moitié de la classe ouvrière

actuelle. Ce sont les Américains aussi qui ont
inventé ces merveilleuses machines-outils qui font
les besognes les plus délicates, les plus difficiles;
les doigts les plus déliés ne peuvent rivaliser avec
elles[1].

Il n'y a donc aucune raison pour qu'avec le
temps on n'arrive pas à remplacer presque com-

1. M. Jules Huret, dans son livre si intéressant, si suggestif
sur les États-Unis (*De New-York à la Nouvelle-Orléans*, Fas-
quelle, éditeur), nous fait un récit humoristique de ses impres-
sions qui permet de se former une idée de la puissance stupéfiante des machines américaines. Il raconte ainsi sa promenade
au milieu d'une grande usine métallurgique : « Une tourelle
beaucoup plus élevée, mue également par un seul homme, ani-
mée de bras géants et d'articulations invisibles, se promenait
autour d'un vaste carrefour de l'usine. Elle attrapait, dans des
fours, des plaques d'acier de 50 centimètres d'épaisseur, les élevait, les retournait, les replaçait dans d'autres fours ou les por-
tait sur les cylindres roulants des laminoirs, faisait mille gestes
que je ne pouvais suivre tant ils étaient rapides et imprévus,
glissait, pivotait sur elle-même, virevoltait avec des grâces de
ballerine. Littéralement, elle valsait! Nous faisions des bonds
pour la suivre, elle et sa charge, mais, en une seconde, elle nous
menaçait de nouveau de son grand bras agile et puissant, et
nous nous bousculions pour l'éviter. Je ne peux pas la dépeindre
autrement que je ne le fais. J'étais opprimé comme par un cauchemar et je me demandais si je ne rêvais pas. »
Je crois que c'est à propos de cet engin hoffmannesque que
l'Américain me dit :
« *Bad!* (Mauvaise!) J'ai demandé au conseil d'administration
un demi-million de dollars (2 millions 500 000 francs) pour en
construire une autre qui sera deux fois plus pratique.
— Et que ferez-vous de celle-ci? Vous la vendrez? »
Il sourit.
« Oh! non! Nous la mettrons à la vieille ferraille. On nous
demande souvent d'Europe d'acheter nos machines, mais nous
refusons toujours. Nous n'avons pas intérêt à armer nos concurrents avec nos propres armes. »

plètement l'homme par l'esclave de fer dont parlait M. Edmond Théry. Les conséquences de ce mouvement progressif d'élimination du travail humain se font déjà sentir dans nos grandes industries et il est possible de les chiffrer exactement.

Prenons, par exemple, l'industrie cotonnière anglaise. Elle avait, en 1891, 45 millions de broches de filature ; elle en a aujourd'hui 47 millions, soit une augmentation de 3,60 pour 100. Est-ce que le nombre de ses ouvriers a augmenté dans la même proportion ? Nullement ; bien loin d'augmenter, il a diminué de 3,8 pour 100, passant de 605 000 en 1891 à 582 000 en 1901. En France, nous pourrions certainement constater le même résultat si nos statistiques officielles étaient aussi bien faites qu'en Angleterre.

Notre *Annuaire du Commerce* nous fournit cependant des données suffisantes pour la métallurgie. Il établit qu'en 1901 il y avait 72 000 ouvriers pour une production de 1 million 743 tonnes. En 1902, pour une production de 1 million 885 tonnes, c'est-à-dire supérieure de 142 000 tonnes, le nombre des ouvriers est tombé à 68 000, soit une diminution de 4 000 ouvriers.

La conclusion qui se dégage de cette série de faits, qui ne sont qu'une faible indication de ce que l'avenir nous réserve, s'impose avec la clarté de l'évidence ; elle a été formulée avec une précision remarquable par le grand statisticien américain, Édouard Atkinson, auquel nous ne pouvons que céder la parole : « Le temps n'est pas éloigné, dit-il, où, même dans l'industrie textile, règneront les mêmes conditions que dans les usines métallurgiques aujourd'hui : c'est à peine si l'on verra un ouvrier dans un atelier. Les ouvriers deviendront de plus en plus rares dans les usines où tout se fera de plus en plus automatiquement, jusqu'à ce qu'en fin de compte, ces usines ne soient plus que de grandes combinaisons mécaniques où quelques hommes experts veilleront à l'entretien et à la bonne marche des machines, et où l'on ne trouvera plus, même dans les salles de tissage, qu'un petit nombre d'ouvriers tous d'ordre très relevé. Ainsi, même dans les industries collectives, l'individualisme, la capacité et l'aptitude personnelles régneront de plus en plus, et, quoique les usines à travail collectif augmentent en nombre et en importance de produits, la proportion des ouvriers ordinaires, parmi les travailleurs, décroîtra constamment. »

CHAPITRE IV

OUVRIERS ET COMMERÇANTS

I

Les ouvriers français, qui ont le sentiment instinctif de ce danger, essaient de le conjurer en refusant de se prêter aux progrès du machinisme; on les voit se mettre en grève quand le patron leur demande de conduire 4 métiers comme en Angleterre. Beaucoup ne veulent encore en conduire que 2. Les malheureux croient faire une bonne opération en obligeant le patron à employer le plus d'ouvriers possible, mais ils ne s'aperçoivent pas qu'ils mettent celui-ci dans l'impossibilité d'améliorer leur sort et d'augmenter leur salaire. Les chiffres sont là cependant pour leur ouvrir les yeux et leur permettre des comparaisons sans réplique : le tisseur de coton américain qui conduit 8 métiers gagne 62 francs par semaine, le tisseur anglais qui conduit 4 métiers gagne 30 francs par semaine et le tisseur français qui conduit 2 métiers 24 francs seulement.

Et cependant l'o ivrier français, qui gagne moins, au total, que l'américain ou l'anglais coûte bien plus cher à son patron et il augmente les frais de production de celui-ci dans des proportions considérables : sa main-d'œuvre représente 12 francs par métier, tandis que celle de l'ouvrier anglais ne représente que 7 fr. 50 et celle de l'américain 7 fr. 80.

Qu'en résulte-t-il? c'est que l'industriel français se trouve dans une situation inférieure à celle de ses concurrents pour lutter sur les marchés étrangers et qu'il perd ainsi une partie de son exportation, au grand détriment de ses ouvriers eux-mêmes dont le travail est diminué d'autant.

Il faut le dire, ces vérités commencent à être comprises par un grand nombre d'ouvriers intelligents, et leur résistance aux progrès de la machine décroît de jour en jour. Beaucoup consentent aujourd'hui à conduire quatre métiers et ils s'en trouvent très bien. Ils se rendent compte que les nécessités de l'industrie obligent l'industriel à obtenir le maximum de rendement, non seulement par machine, mais aussi par ouvrier.

Sans doute, le résultat fatal de ce grand progrès industriel sera la réduction inévitable du nombre des ouvriers, et on se trouve ainsi en face d'un problème humanitaire, économique et social, qu'il faut résoudre à tout prix, celui de savoir ce qu'on fera de tous ces bras inoccupés auxquels il faudra trouver du travail et qui reflueront incessamment sur le marché du travail. Il est du devoir des économistes et des hommes d'État d'envisager dans ses résultats une si formidable évolution et de chercher les moyens de faciliter la transition d'un régime à l'autre.

II

Les socialistes croient avoir trouvé la véritable solution : après avoir longtemps combattu la machine comme l'ennemie de l'ouvrier, ils ont fini par s'incliner devant sa toute-puissance fatale et ils déclarent aujourd'hui qu'au lieu de la condamner il faut la bénir de supprimer tant de travail humain, ingrat et inutile. Le résultat ne les inquiète pas : rien n'est plus facile à leur avis que d'assurer aux ouvriers, sans qu'ils en souffrent, le bénéfice des découvertes de la science. Il suffira pour cela de réduire la journée de travail dans

la proportion représentée par le travail de la
machine. On pourra ainsi passer selon eux, avec
la plus grande facilité, de la journée de 10 heures
à celle de 8 heures, de 6 heures et même de
5 heures. Après un long cycle d'efforts, de souffrances et de douleurs l'humanité reviendra
insensiblement à l'âge d'or.

Au simple point de vue doctrinal, il est certain
que le raisonnement se tient fort bien, et il est
tellement séduisant qu'on serait tenté de le trouver irréfutable. Il se heurte malheureusement,
quand on l'examine de près, à des difficultés d'application, ou plutôt à des impossibilités qui sautent
aux yeux. L'erreur des idéologues socialistes est
de croire que la réduction des heures de travail
dans l'industrie est à la discrétion de chaque pays
et que les industriels peuvent à volonté, pour
soulager les travailleurs ou pour leur conserver
du travail, diminuer la journée comme il leur plait.
La chose ne serait possible qu'autant que le pays
qui voudrait tenter l'expérience n'aurait aucun
rapport industriel et commercial avec le reste du
monde, qu'il n'échangerait rien avec lui, qu'il
n'aurait pas d'exportation et pourrait vivre en
quelque sorte de sa substance. Ce sont des choses
qui peuvent se voir dans la lune, mais qui ne se
rencontrent plus nulle part sous la calotte des
cieux.

Les intérêts commerciaux des nations, bien loin

de tourner à l'isolement, se rencontrent et s'enchevètrent de plus en plus les uns dans les autres; leur solidarité s'affirme chaque jour davantage et tous les marchés du monde ressemblent aujourd'hui à une série de vases communicants.

Il n'est pas de nation désormais qui ne soit obligée, pour vivre et donner du travail à ses ouvriers, d'exporter une partie de sa production, et, pour qu'elle puisse lutter sur les marchés étrangers, il faut de toute nécessité que son prix de revient le lui permette. Or, comme la main-d'œuvre représente, dans la plupart des produits, la partie la plus importante des frais de fabrication, il est indispensable qu'elle se rapproche d'un pays à l'autre. La nation qui, en diminuant la journée de travail, diminue la production quotidienne de l'industrie et qui augmente ainsi ses frais de main-d'œuvre puisqu'ils s'appliquent à une production moindre, sacrifie gratuitement les intérêts de ses ouvriers en se mettant en état d'infériorité vis-à-vis de ses concurrents du dehors et en faisant elle-même pencher la balance de leur côté.

La question est, à ce point de vue, internationale au premier chef et elle ne pourrait être résolue que par l'entente des différents pays; ce serait la seule manière de concilier tous les intérêts en présence, et nos socialistes français, qui, dans les réunions publiques, réclament avec tant de véhé-

mence la journée de 8 heures devraient bien
tenir le même langage aux ouvriers étrangers.
Tant qu'ils ne les auront pas convertis à leur doctrine, eux et leurs gouvernements, ce sera l'industrie française qui fera tous les frais de leur
popularité, et nos malheureux ouvriers seront
condamnés à la payer sur leurs salaires.

La réduction des heures de travail, si large
qu'on la conçoive, ne pourra du reste pas
dépasser une certaine mesure et elle ne suffira
jamais à compenser la diminution de main-
d'œuvre causée par les progrès du machinisme.

Il y a, en effet, une autre objection à faire à la
réduction indéfinie et excessive de la journée de
travail dans l'industrie, une objection d'ordre
intérieur. On oublie trop qu'à côté des 3 millions
environ d'ouvriers de la grande industrie, il existe
6 millions d'ouvriers ou chefs d'ateliers travaillant chez eux, auxquels on ne pourra pas appliquer la journée de 8 heures, encore moins celle
de 5 heures, parce que leur travail n'a pas changé
de caractère et n'est pas commandé par la machine; il y a aussi, dans l'agriculture, 3 millions
d'auxiliaires ou de salariés qui seront toujours
obligés, par les nécessités de la production agricole, de se lever avant le jour et de travailler
jusqu'après le coucher du soleil.

Sur ces 3 millions de travailleurs agricoles, il
en est beaucoup, sans doute, qui ne se résigneront

pas volontiers à la continuation de leur dur labeur
si on ne demande plus que quelques heures de
travail aux ouvriers des villes et qui, désertant la
charrue, se présenteront en masse à la porte des
usines pour offrir leurs bras au rabais. Au lieu de
diminuer le chômage, on ne ferait ainsi que l'accentuer en augmentant le nombre des sans-travail qui se ruent sur les salaires des villes[1].

III

Or, le chômage actuel est déjà assez intense,
assez inquiétant, pour qu'on ne l'active pas davantage. Quand on tourne les yeux de ce côté, on est
affligé et effrayé de ce qu'on découvre; car il n'est
pas de preuve plus infaillible de l'état véritable
d'un marché et de sa production, que la statistique du chômage.

Quand l'industrie est prospère, que les commandes abondent et que le travail bat son plein,

1. Les ouvriers américains ont résolu tout autrement que nos
socialistes le problème de la journée de travail. Ils cherchent
moins les courtes journées que les gros salaires; ils ne boudent
pas la machine et se résignent aux réductions de main-d'œuvre
que son perfectionnement incessant entraîne inévitablement.
Bien loin de la bouder, ils la perfectionnent eux-mêmes, parce
qu'au fur et à mesure qu'ils la perfectionnent leur rôle grandit
et leurs salaires montent. Pour eux l'idéal industriel, c'est une
élite d'ouvriers, peu nombreux, mais très bien payés, dont la
situation s'améliore sans cesse parce qu'ils s'élèvent eux-mêmes
de plus en plus sur l'échelle du savoir professionnel.

le chômage est réduit à son strict minimum;
quand, au contraire, le marché est saturé, que
la production ne trouve plus son écoulement
et que les stocks augmentent, il faut de toute
nécessité ralentir la production et, pour cela,
congédier des ouvriers. Quand on leur donne moins
de travail, le chômage monte à vue d'œil jusqu'à
ce que la consommation s'équilibre avec la production.

Il semble bien que la plupart des grands marchés soient plus ou moins dans cette triste situation depuis quelques années, ce qui ne peut
laisser aucun doute sur leur état maladif. Pour
l'Angleterre, nous trouvons dans un rapport offi-
ciel du *Board of Trade* de 1903, une informa-
tion des plus précises. « Le marché du travail,
dit le rapport, montre une diminution comparé
avec les trois années précédentes et a été au-dessous du niveau d'une année moyenne. Le pour-
centage moyen des trade-unionistes en chômage a
été, en 1903, de 5,1 au lieu de 4,4 en 1902, 3,8
en 1901, 2,4 en 1899. » Les statistiques de l'Assistance complètent et confirment ce renseigne-
ment en nous apprenant que le nombre des
pauvres de Londres, secourus ou hospitalisés, a
passé de 103 000, en 1900, à 114 000, en 1903.

En Allemagne, la situation n'est pas non plus
très brillante, malgré la prospérité apparente de
l'industrie. M. Vaillant, dans son récent discours

à la Chambre des députés, mentionne une opération de recensement minutieuse, pratiquée en 1902 par le syndicat ouvrier de Berlin, dont le résultat donne pour la seule agglomération berlinoise un total de 76 000 ouvriers en chômage complet, ce qui faisait, avec les ouvriers en état de chômage partiel, un total de 117 000 ouvriers inoccupés.

Arrivons maintenant à la France et consultons d'abord les statistiques de l'Office du Travail complétées par le rapport de M. Faguet au Conseil supérieur du Travail. Ces documents nous apprennent que le chômage moyen qui a été de 7 pour 100 en 1896, s'est élevé à 7,75 en 1901 et à 9 pour 100 en 1902. Mais, il faut le reconnaître, l'Office du Travail ne nous donne qu'une partie de la vérité sur le chômage. Les renseignements qu'il recueille lui sont fournis par les syndicats, sur les témoignages des ouvriers syndiqués qui sont mieux organisés pour la lutte et qui subissent moins que les autres les effets du chômage.

Aussi attachons-nous plus d'importance à un autre document infiniment plus précis et général. Dans les opérations de recensement faites en 1896 et en 1901, on a eu l'heureuse idée d'inviter les travailleurs sans emplois à mentionner leur situation sur leur bulletin. Or, il résulte de la comparaison des deux années, qu'en 1896, le nombre des ouvriers sans emplois était de 4,6

6

pour 100 de l'effectif total et qu'en 1901, il s'élevait à 6,5 pour 100, ce qui constitue un énorme
écart au détriment de 1901.

Ces chiffres eux-mêmes ne donnent pas encore
une idée exacte de l'importance de l'armée des
sans-travail; car, à côté de l'ouvrier en chômage
régulier qui est classé dans une profession déter-
minée, il faut placer ces innombrables chômeurs
qui n'ont aucune profession fixe, qui vivent au
jour le jour, mendiant, faisant tous les métiers
et le plus souvent ne travaillant pas du tout,
qu'on appelle des vagabonds dans les villes et
des chemineaux dans les campagnes. On n'évalue
pas à moins de 400 000 ces bataillons d'affamés
qui font trembler tout le monde sur leur passage
et qui menacent de devenir un grave péril social.
Ils sont pour nos campagnes un véritable fléau et
les plaintes montent de toute part jusqu'au gouvernement et aux pouvoirs publics. L'absence de
sécurité qui en résulte contribue plus qu'on ne
croit à la désertion de la terre, et c'est à ce point
de vue que nous nous réservons de l'examiner
dans un instant.

Combien le chômage serait plus considérable
s'il n'avait été atténué, à Paris surtout, par le
prodigieux développement d'une industrie nouvelle qui reste, jusqu'à ce jour, éminemment
française, l'industrie de l'automobilisme. Son mouvement ascendant est un des plus curieux phéno

mènes économiques de ces dernières années : on
estime sa production totale, en France, pour 1903,
à 171 millions, dont 50 millions pour l'exportation. Si on y ajoute la production des bicyclettes
et des motocyclettes, qui représente environ
240 millions, on arrive à un total de plus de
400 millions. Aussi évalue-t-on le nombre des
ouvriers qui, directement ou indirectement, travaillent pour cette grande industrie, à 150 000
qui touchent plus de 300 millions de salaires. On
se demande ce qui serait advenu si cette masse
d'ouvriers était restée sans travail.

Il est juste de faire aussi entrer en ligne de
compte et de placer à côté de l'industrie automo-
biliste, les industries électriques dont l'énorme
progrès est un des facteurs considérables de notre
situation économique : mais si florissantes que
soient ces deux industries, ce serait une grande
illusion de croire qu'elles vont continuer leur
marche ascendante. La clientèle des automobiles
est servie pour quelques années et il est évident
que la période de grande fabrication ne tardera
pas à être close.

IV

Si de l'industrie nous passons au commerce,
nous constatons plus d'engorgement encore que

dans l'industrie. L'exode des campagnes provoqué par la crise agricole et que nous analyse-
rons bientôt en détail s'est porté sur le commerce
encore plus que sur l'industrie. Le petit commerce surtout a vu affluer dans les villes une
multitude de petits fermiers et même de petits
propriétaires, qui, après avoir réalisé leur modeste avoir, le jetaient tout entier dans un maigre
fonds d'épicerie, de mercerie, de fruiterie et surtout dans les fonds de marchands de vins; la
multiplication des cabarets, qui fait tant de mal,
vient de là en grande partie[1].

Pour nous faire une idée juste de la progression

1. Ce côté de l'émigration rurale était déjà mis en relief par
l'éminent directeur de l'Agriculture M. E. Tisserand, dans sa
magistrale introduction à la statistique décennale de 1882 qui
reste le modèle du genre. Il y poussait le cri d'alarme et dénonçait le mal comme un des dangers de l'avenir. « Les intermédiaires, disait-il (commerce et transports), accusent un accroissement énorme. De 1 million 537 000 en 1861, ils ont passé en
1881 à 4 millions 644 000 individus, triplant ainsi leur nombre
en vingt ans, et cela malgré la perte de l'Alsace-Lorraine. On
compte en 1881 par kilomètre carré 6 intermédiaires de plus
qu'en 1861 entre le producteur et le consommateur. Ce sont en
d'autres termes 3 millions 106 000 intermédiaires de plus qu'en
1861 que les producteurs, agriculteurs et industriels ont à faire
vivre et même à enrichir. Il y a là un mal réel et une aggra-
vation de charge qui explique la diminution du profit de l'industrie et de l'agriculture, et la hausse ou tout au moins le
maintien de prix élevés pour le consommateur. »

Ce raisonnement conserve encore aujourd'hui toute sa force :
qu'on déduise, si on le veut, les 300 000 ouvriers de chemins de
fer qui figurent au chapitre du Commerce, il restera encore
plusieurs millions d'intermédiaires qui, il y a trente ans, étaient
des producteurs.

vraiment effrayante du personnel commercial, il faut le rapprocher de la diminution correspondante de la population agricole pendant la même période. Elle est établie avec une clarté parfaite par l'annuaire de l'Économie politique pour 1899 qui répartit les différents groupes professionnels par 10 000 habitants; on arrive à constater, par ce mode de calcul, que pour l'agriculture la population qui était en 1872 de 5270 personnes par 10 000 habitants, est descendue en 1881 à 5003 et en 1891 à 4733. Pour le commerce, l'écart en sens inverse est le suivant : 843 personnes sur 10 000 en 1872, 1063 en 1881 et 1076 en 1891[1].

Nous ne possédons pas encore les résultats complets du recensement de 1901; cependant nous pouvons déjà les prévoir d'après le rapport préliminaire si lumineux de l'honorable M. Le-

[1]. Pour compléter la démonstration, il faut ajouter que le mouvement descendant de la population agricole et ascendant de la population commerciale est bien antérieur à 1872. Les relevés effectués depuis 1846 pour les communes rurales de moins de 2000 habitants, montrent que la population rurale a baissé d'une façon continue et ne représente plus que 60 pour 100 de la population totale, tandis qu'en 1846 elle en représentait 75 pour 100. Ici encore, il faut consulter M. Tisserand et la statistique décennale : elle établit que la population agricole qui était en 1861 de 19 millions 873 000 habitants, était déjà tombée en 1881 à 18 millions 249 000, soit une perte de 1 million 620 000, comme nous l'avons dit, tandis que la population commerciale était passée de 1 million 537 000 habitants à 4 millions 644 000, soit un gain de 3 millions 160 000.

vasseur, administrateur du Collège de France,
paru récemment, qui résume les conclusions géné-
rales de cette vaste opération. Il nous apprend
que de 1896 à 1901 la population urbaine s'est
encore accrue de 895 000 unités qui ne provien-
nent nullement de l'excédent des naissances sur
les décès, lequel n'est que de 35 000, mais bien de
l'émigration des populations rurales qui dépasse
de 670 000 unités le chiffre du précédent recensement.

Peut-être ce chiffre a-t-il besoin lui-même
d'une correction assez importante; car, si l'on se
reporte à une autre partie du rapport, il semble
bien en résulter que l'exode rural qui s'est ac-
centué vers certaines grandes villes, semble
complètement arrêté dans des régions très importantes, comme celles du Nord et de l'Est. Il y a
là une amélioration très sensible et un symptôme
rassurant pour l'avenir; le mal est déjà enrayé et
nous commençons à remonter la pente que nous
descendions depuis si longtemps.

Malheureusement, la pléthore commerciale bat
toujours son plein et ses résultats sont déplo-
rables pour tout le monde, pour les consommateurs aussi bien que pour les agriculteurs.

Cette multiplicité d'intermédiaires qui pul-
lulent dans toutes nos villes, grandes et petites,
et qui sont obligés de prélever de quoi vivre sur
la vente des produits qui passent par leurs mains

a renchéri extraordinairement les choses les plus nécessaires à la vie. On est ainsi arrivé à cette situation absurde et anti-économique que plus le producteur fait d'efforts pour abaisser son prix de revient et son prix de vente, plus le consommateur est rançonné. C'est l'intermédiaire qui garde la plus grosse part du bénéfice et tous les sacrifices sont pour le producteur et le consommateur.

Ce qu'il y a de navrant, c'est que le commerçant lui-même, bien loin de faire fortune, végète à son tour misérablement quand il ne se ruine pas. Le fait peut paraître invraisemblable et il est cependant facile à expliquer; les bénéfices considérables réalisés autrefois par les intermédiaires à l'époque où leur nombre était restreint ayant provoqué l'émigration en masse des campagnes, il en est résulté que la concurrence des commerçants entre eux est devenue de plus en plus acharnée et meurtrière. Nous pourrions citer des quartiers de Paris où il n'y avait il y a vingt ans qu'un ou deux fruitiers et où il y en a aujourd'hui six ou huit; on peut en dire autant des épiciers, des boulangers, des bouchers, des merciers, des fleuristes; quant aux marchands de vins, ils sont devenus légion. Toutes ces petites boutiques, écrasées de frais généraux et obligées de vivre d'une maigre clientèle, meurent littéralement de faim tout en vendant très cher.

Et puis les voilà aujourd'hui aux prises avec les grands magasins qui s'installent de plus en plus partout et qui s'étendent aujourd'hui à tout, attirant à eux la clientèle par la séduction du bon marché. Le mouvement est irrésistible; on peut le déplorer au point de vue social et familial, mais il ne sert de rien de s'insurger contre lui parce que dans l'état actuel des choses il semble s'imposer. Pour l'arrêter ou l'enrayer, il faudrait commencer par mettre le consommateur de son côté, et il est impossible de l'empêcher d'aller où son intérêt le pousse.

Il resterait bien un moyen pour le petit commerce de soutenir la lutte et peut-être même avec le temps de remporter la victoire, ce serait de recourir à ce puissant levier de l'association qui enfante des miracles et de se syndiquer par branches spéciales afin de se procurer, comme les grands magasins, toutes les matières premières à aussi bon marché qu'eux. Il est malheureusement trop divisé pour cela et la pratique de l'association est si peu dans notre sang que nous aimons mieux mourir que de nous entendre avec nos concurrents.

Ce qu'il y a de certain, c'est qu'à l'heure qu'il est, le petit commerce souffre cruellement et que tous les jours il laisse des morts sur le champ de bataille; pour s'en rendre compte, il suffit d'interroger la statistique des faillites.

CONCLUSION

Nous venons d'analyser aussi consciencieusement et aussi fidèlement que possible l'ensemble
du mouvement économique qui se déroule depuis
un demi-siècle et nous avons cherché à en dégager
les résultats. Après cette étude approfondie
du passé et du présent, il nous reste à regarder
du côté de l'avenir, à nous demander ce que sera
demain et quelle serait la meilleure orientation à
donner à la marche de la production générale
pour la mettre en harmonie avec l'évolution qui
s'accomplit sous nos yeux.

La question n'intéresse pas seulement la richesse et la prospérité du pays qui dépendent
étroitement de la bonne répartition de ses forces
productives, elle intéresse davantage encore la
vie et le bonheur des populations laborieuses, de
cette masse immense de braves gens qui travaillent
pour vivre et qui ne savent plus où donner de la
tête, tant les difficultés de l'existence vont pour
eux en augmentant. Ce sont ceux-là qu'il faut aujourd'hui éclairer et guider. en les mettant dans
la bonne voie, en leur faisant toucher du doigt
les dangers qui les menacent et en les dirigeant
vers les régions nouvelles où la force des choses
les oblige à reporter leur activité.

C'est pour ceux-là que nous écrivons ce livre ;
c'est à ceux-là, et surtout aux enfants de ceux-là,
que nous disons aujourd'hui : regardez autour de
vous et ne vous obstinez pas à poursuivre la fortune sur des chemins battus par la foule et où
l'on est tellement serré les uns contre les autres
qu'on s'y écrase.

L'industrie, la grande industrie, paraît arrivée
à son apogée et en tous cas elle ne peut plus marcher du même pas qu'autrefois ; grâce à elle, il
est vrai, les hommes sont mieux vêtus, mieux logés et ils goûtent une foule de jouissances inconnues de leurs pères. Sans doute il leur manque
encore beaucoup de choses qu'ils obtiendront un
jour et l'industrie continuera à faire des progrès
pour les leur procurer ; car nous n'entendons pas
dire, on le devine aisément, que le rôle de l'industrie est fini, mais seulement qu'elle est obligée
par la force des choses de mesurer son expansion.
La situation économique du monde l'avertit qu'il
faut qu'elle se modère au lieu d'accélérer chaque
jour sa vitesse.

La consommation des produits industriels a des
limites et l'erreur de beaucoup d'industriels et
même d'économistes est de ne pas s'en douter.
Quand un consommateur a assez d'habits, assez
de chemises, assez de meubles pour ses goûts et
ses besoins, il n'achète plus et le bon marché du
produit ne le décide pas toujours à faire une dé-

pense inutile. Aussi croyons-nous fermement qu'il
est permis d'affirmer et de considérer comme une
sorte d'axiome de l'heure présente que la quantité de travail humain disponible dans l'industrie
a, par la force des choses, une tendance invincible
à diminuer au lieu d'augmenter et, que cette tendance ira probablement en s'accentuant.

Sans doute des besoins nouveaux surgiront, de
nouveaux consommateurs viendront au monde
qui voudront prendre leur place au banquet de
la vie, et pour les satisfaire il faudra une production plus abondante. C'est parfaitement vrai,
mais cela ne prouve nullement qu'il faudra plus
de bras pour suffire à ces exigences nouvelles.
Plus on avance, plus la concurrence de la machine
devient redoutable pour le travail humain. Et puis
on oublie trop que pour pouvoir consommer il est
nécessaire de produire d'abord et qu'il faudra aussi
trouver du travail pour les nouveaux venus, ce
qui sera une difficulté de plus.

DEUXIÈME PARTIE

LE
RETOUR A LA TERRE

CHAPITRE V

RETOUR A LA TERRE

I

La réduction des heures de travail écartée comme remède à la diminution progressive et inévitable du travail humain dans la grande industrie, nous nous trouvons ramenés à la même et éternelle question. Que vont devenir tous ces bras, toutes ces intelligences qui trouvent aujourd'hui l'emploi de leur activité dans l'industrie,

dans le petit commerce et qui voient se tarir tous
les jours les anciennes sources de travail qui les
faisaient vivre? Que va devenir cette masse croissante de la population qui reflue de plus en plus
en quête de moyens d'existence sur tous les points
du territoire? Que vont devenir enfin, dans le
monde entier, les nouvelles générations qui arrivent à la vie et qui, de plus en plus, trouveront
les places prises? Comment transformer en travailleurs réguliers ces 400 000 vagabonds qui mettent
la France en coupe réglée, ces milliers de sans-
travail qui sont à la fois un péril et une humiliation
pour un grand pays comme la France? Il y a là
une question d'humanité, une question politique,
sociale et même nationale qui mérite d'attirer
l'attention la plus sérieuse du gouvernement et
des pouvoirs publics. Nous n'avons pas d'autre
ambition que de l'éclairer un peu et d'apporter
notre petite pierre à l'édifice de demain
puisque celui d'aujourd'hui ne suffit plus à abriter
l'avenir.

La solution que nous venons proposer et
défendre est la conclusion forcée de la longue
analyse à laquelle nous venons de nous livrer et
de l'élimination des différents systèmes, des
remèdes pires que le mal, que nous avons passés
en revue et dont nous avons démontré l'insuffisance ou l'inanité.

Il ne reste plus qu'un seul champ d'action et

d'expansion capable d'absorber toutes les forces
sans emploi, et celui-là a l'avantage d'être inépuisable, au moins pour des siècles; c'est la
terre, la terre nourricière de l'humanité, féconde
et éternelle, mère de toutes les industries qui ne
feront, en lui revenant, que rentrer dans le sein
d'où elles sont sorties, la terre qui a des conso-
lations pour toutes les misères et qui ne laisse
jamais mourir de faim ceux qui l'aiment et qui
se confient à elle.

Elle a été un instant détrônée par l'industrie
qui, par son rayonnement merveilleux, attirait
sur elle tous les regards, éveillait toutes les
espérances et absorbait toutes les intelligences. On
dédaignait la modeste industrie qui met le sol en
valeur, qui en fait sortir la nourriture du genre
humain, parce qu'on la croyait d'ordre inférieur
et vulgaire.

Elle n'a commencé à se relever dans l'opinion
que le jour où la science elle-même, laissant
enfin tomber ses yeux sur elle, a découvert que
l'agriculture était au contraire la première de
toutes les industries, non seulement parce qu'elle
était la plus nécessaire, mais aussi parce qu'elle
était la plus élevée dans l'ordre scientifique,
étant par essence le centre de toutes les sciences
qui trouvent sur le sol leur plus vaste champ
d'application.

Mais, si l'agriculture est aujourd'hui replacée

à son rang au point de vue scientifique, elle n'est
pas encore à sa place dans le domaine économique ; elle souffre toujours de son humilité
d'autrefois et il y a beaucoup à faire pour attirer
à elle la vogue dont jouit sa sœur aînée, l'industrie. On se porte vers elle, il est vrai, avec plus
de bonne volonté, plus de tendresse qu'autrefois,
mais la passion n'y est pas encore, la fièvre encore
moins et le mouvement d'attraction qu'elle exerce
n'a rien de commun avec l'emballement qui depuis
un siècle lance toutes les intelligences, toutes les
forces dans les voies de l'industrie.

Le moment est venu de réagir contre un entraînement qui a dépassé la mesure et de donner à
l'industrie son contrepoids naturel en faisant de
l'agriculture le déversoir inépuisable de travail
où son trop-plein est toujours sûr de pouvoir
s'écouler.

Donc retournons à la terre et dirigeons de ce
côté le plus que nous pourrons l'attention du
grand public ; tâchons de l'intéresser à la question
et bientôt elle le passionnera autant que l'industrie. Montrons-lui bien que la prospérité du
jour et la sécurité du lendemain sont à ce prix,
et l'évolution se fera d'elle-même.

Elle sera aidée par la force immanente des
choses, par la nécessité chaque jour plus pressante de trouver de nouvelles sources de travail ;
au fur et à mesure que l'encombrement industriel

s'aggravera, le reflux vers la terre s'accentuera. Il commence déjà et les choses iront plus vite qu'on ne croit.

[]

Mais, nous nous heurtons à l'éternelle objection qu'on jette, depuis l'origine de la crise agricole, à la tête de tous ceux qui ont essayé de remonter le courant et d'arrêter la désertion des campagnes. Vous tentez l'impossible, nous crie-t-on, et l'évolution que vous recommandez, si désirable qu'elle soit, rencontrera toujours d'insurmontables difficultés. Le retour à la terre est une pure idylle qui n'a plus sa place dans une société positive comme la nôtre. Comment changer un courant qui se dessine avec tant de force depuis un demi-siècle et qui a tout renversé sur son passage? La population agricole n'a pas cessé de baisser par une sorte de fatalité implacable.

Si les campagnes ont été abandonnées, ce n'est pas sans raisons et ces raisons subsistent toujours. L'ouvrier agricole a déserté la terre, parce qu'elle lui imposait trop de travail et de privations; il a préféré l'usine parce qu'elle lui assurait de gros salaires avec un travail moins fatigant et la régularité de l'existence; pourquoi reviendrait-il à la terre qui ne peut lui offrir l'équivalent de ce qu'il a?

Le fermier ne manquera pas d'en dire autant et le propriétaire aussi. Si le petit fermier, si le petit propriétaire journalier ont pris le chemin de la ville pour s'y créer une situation dans le commerce ou les administrations publiques, c'est parce qu'ils ont constaté que la terre ne nourrissait. plus son homme, parce que le fermier, après avoir prélevé son loyer, conservait à peine de quoi nourrir sa famille, parce que le petit propriétaire, travaillant pour autrui, trouvait la vie trop dure et moins lucrative que celle de l'ouvrier d'usine.

Nous ne songeons pas à nier des vérités si attristantes, mais si évidentes. Il n'est pas contestable que les plaintes du monde agricole n'étaient que trop justifiées et on comprend aisément que les travailleurs des champs ne consultant que leur intérêt se soient portés en masse du côté où ils trouvaient une meilleure rémunération de leur travail, la vie assurée et plus de bien-être.

La crise qui a sévi plus douloureusement chez nous que partout ailleurs, parce qu'elle avait été précédée d'une ère de prospérité incomparable, devait fatalement jeter une perturbation générale au milieu de nos agriculteurs et bouleverser toutes les conditions de la production agricole. Quelle est l'industrie qui, voyant ses recettes baisser de moitié avec la même dépense et les mêmes frais généraux, pourrait résister longtemps à une pareille dépression? Aucune n'aurait supporté une si dure épreuve et sans la ténacité, le courage de nos agriculteurs, et leur amour indestructible de la terre, c'en était fait de l'agriculture française [1].

L'exode rural l'a mise à deux doigts de sa perte, heureusement, ceux qui sont restés sur la brèche ont fait preuve d'une indomptable énergie qui a tout sauvé.

Et maintenant comment remonter un si formidable courant, comment ramener au bercail tant de brebis égarées? Voyons si c'est possible et s'il y a dans la situation actuelle quelque chose de nouveau qui permette d'espérer une réaction prochaine contre l'entrainement des campagnes vers les villes.

Eh bien! oui, il y a quelque chose de nouveau et si le lecteur qui nous a suivis de démonstrations en démonstrations partage notre appréciation sur l'évolution qui s'accomplit en ce moment il fera aisément la réponse à la question. Il

1. Nous ne pouvons que reproduire les conclusions de la grande enquête de 1892, qui permettent de mesurer l'intensité de la crise : « Malgré l'imperfection inévitable des évaluations de détail, on peut déduire des considérations qui précèdent que la valeur du capital foncier s'est abaissée (depuis 1882), de 15 pour 100, que le produit brut de l'exploitation agricole a perdu 844 millions, enfin que le produit net total a diminué de 329 millions, déterminant ainsi la crise agricole à laquelle le législateur s'est efforcé de remédier par le vote des mesures économiques dont la principale a été l'adoption des nouveaux tarifs de douane. »

dira comme nous que la situation économique actuelle est le renversement de celle d'il y a trente ans ; à ce moment l'industrie montait et l'agriculture descendait ; aujourd'hui, c'est le contraire. Nous n'allons pas jusqu'à dire que l'industrie descend, mais elle nous paraît tout au moins à son apogée pendant que l'agriculture monte visiblement.

La force des choses se chargera, du reste, de ramener vers l'agriculture tous ceux que l'industrie ne suffira plus à faire vivre. Les ouvriers qui auront longtemps chômé sans pouvoir trouver de travail finiront par se lasser de cette lutte ingrate et sans issue ; la vie des villes est terrible pour les malheureux chargés de famille à qui tout manque quand le travail fait défaut. C'est la misère affreuse avec l'abandon sans miséricorde. Le bureau de bienfaisance ne nourrit pas longtemps une famille entière. Interrogez ceux qui ont passé par là après avoir été des travailleurs de la terre et ils vous diront tous, les femmes surtout : « Ah, si nous avions su ce qui nous attendait, nous n'aurions jamais quitté notre village. Là au moins, si on n'est pas riche, on est toujours sûr de trouver un morceau de pain et un toit hospitalier. Quand on a des bras, on n'y meurt jamais de faim et on n'est pas le paria de la misère que personne ne regarde et qu'on laisse mourir sans pitié dans un coin. »

Sans doute ce raisonnement de désespéré ne
suffit pas toujours à ramener l'ouvrier des villes à
la terre; il a ses habitudes prises auxquelles il
tient souvent plus qu'à la vie et puis il redoute
en reprenant le chemin de son village de trouver
toutes les places prises ou d'être l'objet de la
risée générale. Mais pour quelques-uns qui
s'obstinent à mourir de misère par peur du
ridicule, combien n'en est-t-il pas qui finiront
par céder et se rendre? En tout cas, ceux qui
sont restés et qui seraient tentés de suivre leur
exemple, deviendront de plus en plus rares et
c'est pourquoi, dans beaucoup de départements, on peut déjà constater l'arrêt de l'exode
rural.

Le mouvement ne s'arrêtera pas là et avant peu,
sous l'impulsion de la nécessité, nous verrons
l'exode urbain succéder à l'exode rural; quand
la situation ne sera plus tenable à la ville, l'ouvrier prendra son parti de chercher du travail
ailleurs et il reviendra bravement à la terre.
Sans doute, il sera nécessaire de venir à son
secours, de l'aider dans ce revirement difficile
et il reste un certain nombre de mesures à
prendre, de réformes à accomplir pour provoquer et diriger le mouvement. Nous allons les
examiner.

Pour le moment, nous nous en tenons à cette
première constatation qui nous suffit : c'est qu'à

tout prendre, et en supposant que la situation
agricole soit restée ce qu'elle était il y a vingt ans,
elle offrirait encore à beaucoup de nos ouvriers et
même de nos commerçants plus de sécurité et
même d'avantages matériels que le travail pré-
caire et le chômage permanent de nos grandes
villes.

Mais la situation est-elle restée la même et l'a-
griculteur se trouve-t-il dans un état aussi misérable qu'il y a vingt ans? Personne, même parmi
les plus pessimistes, n'oserait le soutenir, tant le
contraire est évident.

On peut affirmer aujourd'hui, et il faut le dire
bien haut, que la crise agricole qui a fait tant de
mal et qui a si furieusement ravagé la France
agricole touche à son terme, que nous remon-
tons aujourd'hui la pente qui nous conduit à
une ère nouvelle et qu'il ne dépend plus que
de nous de rendre à l'agriculture son ancienne
splendeur.

Que la crise soit à son déclin, il n'est guère
permis d'en douter; il suffit de remonter à son
origine et de l'étudier dans son principe et ses
effets pour en être convaincu. Sa cause première
a été la dépréciation de tous les produits agricoles sous l'influence de la concurrence étrangère; la baisse provoquée par l'entrée en scène
des pays neufs produisant à meilleur marché que
nous a coïncidé avec le développement et le bon

marché des moyens de transport qui ont permis à ces pays d'arriver sur nos marchés en supprimant en quelque sorte les distances.

La conséquence de cette révolution a été, comme nous l'avons dit, la dépréciation des principaux produits agricoles, l'avilissement des cours et par suite la diminution des recettes de la ferme. Cette diminution de recettes a engendré à son tour, comme c'était inévitable, la baisse de tous les fermages et, par un contre-coup naturel, celle de la valeur vénale de la propriété.

Ce sont des faits trop connus pour que nous y insistions; nous nous bornons à les enregistrer en constatant, nos statistiques à la main, qu'à la suite de cette grande débâcle agricole la valeur de la propriété immobilière en France a baissé de 40 à 50 pour 100. L'enquête agricole de 1892 ne permet aucun doute à ce sujet.

II

Mais, depuis cette époque, un grand événement économique s'est accompli, qui a fait tomber la cause initiale de la crise et changé complètement la face du monde agricole. Les pouvoirs publics ont fini par entendre les doléances si légitimes de l'agriculture, étouffée sous le poids de la concurrence étrangère, et par se décider à la mettre, au point

de vue de la protection douanière, sur un pied
d'égalité avec l'industrie. Les tarifs de 1892 ont
été pour elle une œuvre de réparation et de justice.
Les résultats qu'ils ont produit permettent aujour-
d'hui de juger cette œuvre considérable.

Ils ont tellement amélioré la situation de nos
agriculteurs que toutes les branches de notre production ont repris leur essor et leur marche en
avant, aussi bien la production des céréales et du
vin que celle du bétail, de la betterave et de la
pomme de terre, en sorte qu'aujourd'hui, la
France est parvenue, non seulement à suffire aux
besoins généraux de son alimentation, mais qu'il
lui reste encore, après y avoir pourvu, un excédent qu'elle peut exporter[1].

1. Depuis 1884, année qui a précédé l'application des premières mesures de protection douanière, la balance de notre
commerce agricole n'a cessé de s'améliorer et aujourd'hui elle
est complètement retournée à notre profit. Ce point a été mis
hors de contestation par un travail d'une remarquable précision
de M. Henry Sagnier, le directeur si distingué, si autorisé, du
Journal de l'Agriculture. Il a analysé le mouvement de nos importations et de nos exportations de produits agricoles dans les
vingt dernières années et comme il voulait faire ressortir le
profit que le pays a tiré des tarifs de douane pour son alimentation et le progrès de sa richesse, il a mis en dehors de ses
calculs avec juste raison les produits exotiques qui n'ont pas de
similaires en France tels que le riz, le café, le thé, le cacao, le
poivre. Ces défalcations faites, on se trouve en présence des produits réels de l'agriculture, dont on peut comparer les importations et les exportations avec la certitude qu'on ne compare
que des produits similaires. Voulant pousser la rigueur du raisonnement plus loin encore, M. Sagnier a mis également en
dehors de son calcul nos échanges avec l'Algérie et même le

Ceci dit, nous nous garderons bien de forcer nos conclusions, et nous n'essaierons pas de soutenir que les tarifs de douane suffisent à tout et que l'agriculture n'a pas d'autre ennemi que la concurrence étrangère. L'industrie agricole est aux prises avec les mêmes difficultés intérieures que les autres industries, et sa vie est une lutte de tous les jours; mais c'est beaucoup d'avoir écarté de sa route un obstacle contre lequel se brisaient tous ses efforts, et de lui avoir rendu la maitrise de ses destinées.

commerce des sucres qu'il a considéré comme trop directement influencé par la législation spéciale qui l'a régi jusqu'à ces dernières années.

Après cette série d'éliminations, M. Sagnier constate qu'en 1884, nos importations de produits alimentaires se sont élevées à 1 milliard 94 millions et nos exportations à 652 millions. L'excédent des importations, c'est-à-dire ce que la France payait à l'étranger pour se nourrir, s'élevait donc à 441 millions.

A partir de cette époque, l'agriculture, encouragée par la protection dont elle jouissait, développe de plus en plus sa production et on voit d'année en année ses importations baisser à vue d'œil, si bien qu'à partir de 1900, ce sont ses exportations qui commencent à l'emporter sur ses importations. Cette année-là l'excédent des exportations est déjà de 100 millions, en 1901 il est de 152 millions, en 1902 de 212 millions, il tombe en 1903 à 62 millions, mais se relève en 1904 à 124 millions.

Qu'est-ce à dire, sinon que la France, après avoir suffi à tous les besoins de son alimentation, est aujourd'hui créancière de l'étranger de 124 millions, tandis qu'en 1884 elle était débitrice de 441 millions; soit une différence à son profit pour 1904 de 565 millions représentant l'effort de ses agriculteurs depuis vingt ans, l'augmentation annuelle de sa richesse et par suite de ses ressources financières. Voilà le bas de laine de l'agriculture devant lequel tous les ministres des finances devraient être à genoux; car sans lui leurs budgets ne seraient jamais sortis du déficit.

Il nous reste maintenant à rechercher les nombreuses causes qui continuent à agir contre elle, et qui l'arrêtent dans son ascension définitive; avant de les analyser, disons cependant que sa situation générale s'est singulièrement améliorée depuis quelques années et qu'elle s'améliore chaque jour davantage.

Il est à remarquer d'abord que si la crise agricole a été désastreuse pour les anciens propriétaires qui ont vu la valeur de leur propriété dépréciée de moitié, elle touche beaucoup moins les nouveaux qui ont acheté au rabais les terres qu'ils possèdent aujourd'hui. Quand la terre est à bon marché, celui qui l'exploite peut y trouver plus aisément une large rémunération de son travail. Aussi commence-t-elle déjà à être plus recherchée, et les statistiques les plus récentes constatent, dans certains départements, une augmentation relative des fermages et du prix des terres qui est un signe infaillible du relèvement progressif de l'agriculture.

Malgré ce léger mouvement de hausse, il n'est pas douteux cependant que la position du propriétaire qui est réduit à louer sa terre est encore peu enviable, et que les placements immobiliers ne sont pas tous avantageux. Bien différente est la situation de celui qui exploite la terre lui-même comme propriétaire ou comme fermier; on peut considérer aujourd'hui comme démontré que l'agriculteur qui a reçu une sérieuse éducation professionnelle, qui est en même temps un homme d'ordre et de progrès, est certain de tirer de son capital un bon revenu, tout en vivant sur sa terre plus largement que beaucoup de bourgeois.

Il reste, il est vrai, un grand obstacle à la bonne et fructueuse exploitation de la petite propriété, c'est la pénurie et la cherté de la main-d'œuvre ; le petit agriculteur est hors d'état d'en faire les frais, et il faut qu'il se résigne, pour y suppléer, à tout faire par lui-même ou par sa famille. Aussi a-t-on bien raison de dire qu'en petite culture, la fortune est proportionnelle au nombre des enfants : plus il y a d'enfants à la ferme, plus le bien-être y pénètre, et on ne peut que se féliciter de cette nécessité pour l'avenir de la race et la grandeur de la France si grandement menacée par la faiblesse de notre natalité.

III

La crise agricole est bien loin, du reste, d'être la seule cause de l'émigration des campagnes. Il en est une autre d'ordre purement moral qui a peut-être exercé une action plus décisive sur leur dépopulation, c'est la mentalité particulière d'un grand nombre d'agriculteurs, surtout de jeunes agriculteurs. Ils n'ont pas quitté la terre parce qu'elle leur a fait faillite, parce qu'ils ne pouvaient plus gagner leur vie et qu'ils manquaient du nécessaire; ce qui les a poussés à l'émigration, ce n'est pas la misère de la vie rurale, ce sont surtout les douceurs et les enchantements apparents de la vie urbaine.

Ils ont été attirés par les splendeurs des villes comme le papillon par la lumière; au fond de leurs chaumières, ils se sont mis à rêver de théâtres splendides, de cafés étincelants, de fêtes brillantes, de luxe et de plaisirs, et quand ils se sont réveillés, qu'ils ont jeté un coup d'œil attristé sur leur humble chaumière, sur ses murs nus et gris, sur la chandelle fumeuse et sur leurs haillons de travail, ils se sont sentis envahis d'une immense nostalgie et n'ont plus eu qu'une idée : aller à la ville à tout prix, les yeux fermés, sans même savoir à quelle porte frapper.

Qu'on appelle cela comme on voudra, de la fièvre, de l'hallucination, du vertige, si l'on veut, peu importe; mais le phénomène moral n'est pas niable, et c'est lui qui entraîne notre pays comme tant d'autres à la dérive, lui qui explique la constitution de ces formidables agglomérations, de ces villes tentaculaires, comme les appelle si justement le poète Verhaeren, qui tendent de plus en plus, dans les pays civilisés, à attirer à elles et à absorber, à des distances immenses, toute la vie, toute la sève des régions qu'elles dominent.

Ce mouvement d'attraction irrésistible a redoublé de puissance depuis que le service militaire obligatoire a fait passer tous les enfants de la campagne par la garnison des villes. C'est là qu'ils prennent des goûts nouveaux, des habitudes auxquelles ils ne peuvent plus ensuite renoncer, et comme ils ne peuvent y donner satisfaction que dans les villes, ils ne pensent qu'à y rester. Si par hasard ils retournent à la charrue, ce n'est pas pour longtemps; ils s'ennuient bientôt de la vie monotone des champs, trouvent tout ce qui les entoure au-dessous d'eux, hommes et choses, et ils saisissent la première occasion pour s'évader. Leur grande ambition est de devenir bureaucrates, facteurs, garçons de magasin ou employés de chemins de fer.

Ce n'est pas seulement la mentalité des hommes qui a été pervertie par les mœurs nouvelles, les femmes n'ont pas échappé à la contagion de l'exemple. Elles aussi, ont été empoignées et séduites par le spectacle des villes où elles ont pris l'habitude d'aller chercher de la distraction et du plaisir; elles en ont rapporté le goût de la vie élégante et amusante, de la toilette, et des fêtes. Au retour, le village leur a paru maussade, la ferme sale et triste et les travaux de la terre répugnants; les cavaliers de la campagne lourds

et pesants d'esprit et de corps n'ont pu soutenir
la comparaison avec les beaux messieurs sédui-
sants et sémillants qui avaient fait des frais pour
leur plaire. L'humble fonction de fermière leur
a semblé indigne d'elles et elles n'ont plus voulu
des gars de leur village que ceux qui s'étaient
élevés aux hautes dignités d'employés ou de
fonctionnaires.

On voit d'ici, par ce tableau, ce qui depuis
vingt ans s'est passé dans la plupart de nos villages. Nous pourrions citer de grandes familles
agricoles qui ont quitté, la mort dans l'âme, de
belles et grandes exploitations parce que les fils
ne trouvaient pas de femmes consentant à partager leur existence et à vivre à la campagne.

IV

Maintenant que nous avons analysé aussi complètement, aussi consciencieusement que possible,
les causes multiples et profondes qui, depuis un
demi-siècle, ont agi contre l'agriculture et détourné d'elle une partie considérable de l'ancienne population rurale, et les causes inverses
qui poussent aujourd'hui celle-ci à revenir à la
terre, il nous reste une question importante à
résoudre : quels sont les moyens à employer pour
favoriser ce mouvement de retour à la terre et

pour attirer ceux qui sont encore hésitants, mais qui ne demanderaient pas mieux que de changer de direction s'ils y trouvaient à la fois leur intérêt, leur sécurité, et leur plaisir?

La réponse à cette question embrasse le problème agricole tout entier et nous ne pouvons pas avoir la prétention de le traiter en détail, des volumes n'y suffiraient pas. Mais ce qui est possible et ce qui sera suffisant pour atteindre le but que nous poursuivons, c'est de passer en revue dans un tableau raccourci l'ensemble des mesures, des réformes diverses, économiques, financières, administratives et législatives dont l'application convergente serait de nature à entraîner le ralliement progressif des esprits d'abord, des intérêts ensuite à l'industrie agricole.

Pour arriver aux solutions cherchées, il nous semble que la méthode est tout indiquée; elle consiste à prendre une à une les raisons qui, depuis un demi-siècle, ont jeté une partie de l'humanité hors de sa voie en la détournant de l'agriculture pour la lancer dans l'industrie, et à agir dans le même sens sur l'esprit des populations pour les ramener à la terre.

Puisque c'est l'industrie qui hypnotise tant de cerveaux, tâchons d'y faire entrer cette idée que l'agriculture est aussi une industrie et la première de toutes au point de vue scientifique et moral. Mais, pour que l'idée prenne corps et s'enracine, il faut autre chose que des phrases et de la doctrine; il faut que l'assimilation soit complète dans la pratique, que l'industrie agricole soit absolument traitée comme les autres industries, mise sur le même pied, et jouisse des mêmes avantages.

Essayons donc d'établir un parallèle entre les deux branches de production afin d'en dégager ce qui manque à l'agriculture pour devenir l'égale de l'industrie et pour pouvoir produire avec les mêmes avantages qu'elle. Tout est là. Le jour où l'on pourra dire aux agriculteurs : « Maintenant vous n'avez plus rien à désirer, vous travaillez dans les mêmes conditions que les industriels, » on peut être sûr que nul d'entre eux n'aura la tentation de changer de profession, parce que chacun sera obligé de convenir qu'il n'en est pas de supérieure à celle d'agriculteur.

Afin que notre démonstration soit aussi claire que possible, demandons-nous d'abord ce qui fait la prospérité de l'industrie, et à quelles conditions un établissement industriel quelconque est assuré de réussir et de faire des bénéfices.

Tous les économistes, tous les hommes d'affaires, tous les industriels sont ici d'accord sur le principe : pour qu'une usine atteigne son maximum de prospérité, il faut avant tout qu'elle produise à bon marché et qu'elle produise beaucoup. Or, pour produire à bon marché il faut avoir le minimum de frais de fabrication et le minimum de frais généraux. Dans les frais de fabrication entrent l'achat des matières premières, l'alimentation et l'entretien des moteurs et des machines et la main-d'œuvre ; quand l'industriel achète ses matières premières à des prix avantageux, quand il fait de bons marchés de charbon qui lui permettent de diminuer ses dépenses de force motrice, quand enfin il a un outillage puissant et du dernier modèle, il est pour la première partie de la production industrielle en excellente posture ; il peut produire à bon marché et produire beaucoup.

Passons maintenant à l'agriculture.

Pour elle, les matières premières sont les semences ; les engrais représentent le puissant moteur qui met la terre en marche et commande toute la production agricole. Sous ce double rapport l'agriculteur est à la hauteur de l'industriel, on peut même dire qu'il est en meilleure situation que lui. Depuis dix ans, sous l'action énergique et méthodique des syndicats agricoles, le contrôle et la vente des semences et des engrais ont été organisés de telle façon que les agriculteurs qui le veulent peuvent se procurer des engrais de premier choix avec des réductions de plus de 50 pour 100 sur les prix anciens. La révolution technique qui s'est ainsi accomplie est peut-être la plus considérable du siècle dernier en matière agricole : elle a fait entrer l'agriculture dans le domaine de l'industrie et a décuplé ses forces[1].

La petite culture, qui est de sa nature timide et hésitante, n'est pas encore entrée en plein dans le courant et il reste beaucoup de progrès à réaliser de ce côté. Elle commence cependant à se mettre en marche : les champs de démonstration qui se multiplient ont fini par lui ouvrir les yeux et les essais qu'elle fait lui donnent des résultats tellement extraordinaires que son incrédulité ordinaire cède devant l'évidence.

C'est là qu'il faudra de plus en plus porter l'effort si l'on veut ramener à la terre la masse de

---

1. On peut se faire une idée de la puissance et de la rapidité de transformation de nos méthodes de culture par quelques chiffres. Les importations de nitrate de soude qui, de 1885 à 1889, montaient déjà à 74 000 tonnes par an en moyenne, se sont élevées de 1902 à 1904 à 203 000 tonnes.

La consommation des superphosphates qui était en 1892 de 500 000 tonnes, s'est élevée en 1900 à 900 000 tonnes et en 1903 à 1 million 250 000 tonnes. Ces chiffres sont d'une éloquence saisissante.

Les résultats obtenus ont été à la hauteur de l'effort. Les rendements de nos principales branches de production en sont la preuve : c'est ainsi que la production du blé à l'hectare qui avait été en moyenne pour la période 1883-1892 de 15 hectol. 43 à l'hectare, s'est élevée pour la période 1893-1902 à 16 hectol. 65, celle du seigle de 14 hectol. 54 à 15 hectolitres, celle des pommes de terre de 76 quintaux métriques à 79 quintaux.

Ces chiffres démontrent que l'agriculture peut aujourd'hui, comme l'industrie, produire beaucoup quand elle le veut et augmenter sans cesse ses rendements.

bras en quête de travail. Quand les malheureux
sauront quels miracles on peut accomplir avec
la terre, comment on peut en doubler, en tripler
le rendement sans grande dépense, ils seront
séduits par la pensée d'être les instruments
et les bénéficiaires de cette multiplication des
pains que la bonne nature met à leur disposition.

De ce côté l'agriculture est donc en bonne, en
très bonne voie; il n'y a plus qu'à pousser les
retardataires par les épaules, ce qui sera facile;
ils finiront tous par se passionner pour les mer-
veilles de la chimie agricole, autrement intéressantes que la conduite machinale d'une broche ou
d'un métier.

Rien ne saurait retarder ce mouvement fécond
que tout favorise. Le petit cultivateur n'a plus
la ressource de se plaindre comme autrefois de
sa pauvreté, de l'impossibilité de se procurer un
fonds de roulement suffisant pour appliquer les
méthodes nouvelles. Ce fonds de roulement est
à sa portée et il n'a qu'à étendre la main pour
le prendre. Il lui est fourni par l'admirable
réseau de nos 1500 banques mutuelles agricoles, locales ou régionales, qui embrassent
maintenant toutes les régions de France et qui
ouvrent leurs guichets à tous ceux qui ont de
l'intelligence, du courage et de l'honnêteté. Ce
n'est pas seulement le capital-engrais qu'ils

peuvent ainsi se procurer sur leur simple signa-
ture, c'est même le capital-bétail, qui est bien
autrement important.

Nos agriculteurs ne sont plus réduits à se
mettre entre les mains des maquignons pour
l'achat de leurs animaux de ferme, et de sous-
crire des billets à des taux démesurément usu-
raires; il dépend d'eux de payer comptant en
s'adressant à leur propre banque qui leur fait
l'avance nécessaire à 3 ou 4 pour 100 au maximum.

Notre organisation du crédit agricole est certainement une des plus complètes, des plus parfaites
qui existent au monde. Depuis que les pouvoirs
publics ont mis si généreusement à la disposition des banques régionales à titre d'avances
sans intérêts les 40 millions de la Banque de
France, l'agriculture ne peut plus dire qu'elle
est arrêtée dans sa marche par l'absence ou l'insuffisance du capital. Elle n'a rien à envier à
l'industrie et l'argent lui revient moins cher qu'à
celle-ci.

Nous regrettons presque d'avoir à dire qu'elle
en a plus qu'il ne lui en faut, puisqu'une partie
du capital mis à sa disposition est resté jusqu'à
ce jour inemployé. Il y a là un phénomène bien
fait pour surprendre, mais qui n'étonnera aucun
de ceux qui connaissent l'esprit méfiant, timoré
et prudent à l'excès du paysan français.

Il faut le dire à son honneur, il n'aime pas à
emprunter et quand il emprunte c'est qu'il est
bien résolu à rembourser. Il n'est pas comme ces
chevaliers d'industrie qui abondent dans les villes,
et qui demandent de l'argent à tout le monde
parce qu'ils n'ont pas le scrupule de l'échéance.
Nos agriculteurs ont une mentalité bien différente
et c'est elle qui fait du crédit agricole le premier
du monde.

Voilà pourquoi on ne les a pas vus dès le premier jour se ruer comme des affamés sur les
caisses si bien remplies des banques régionales.
Il semble même qu'ils aient commencé par en
avoir peur comme du serpent tentateur: ils se
méfiaient d'eux-mêmes et craignaient d'être entraînés. Et puis, pour tout dire, il y avait aussi
dans leur appréhension un peu et même beaucoup de respect humain; il existe encore un
préjugé au fond de nos campagnes contre
celui qui emprunte même pour le bon motif.
Les mauvaises langues ne manquent pas de dire :
« Il fait donc mal ses affaires qu'il a besoin des
autres ? »

Pour avoir raison de ces pusillanimités, de ces
préjugés enracinés, il faudra donner à nos agriculteurs une éducation analogue à celle des
industriels en leur apprenant que le crédit
est un instrument de progrès économique aussi
nécessaire aux riches qu'aux pauvres. Il faudra

surtout leur faire toucher du doigt les avantages exceptionnels que leur offrent nos banques
agricoles telles qu'elles sont organisées; leur
faire comprendre que |grâce aux subventions de
l'État et aux avances sans intérêts de la Banque
de France, l'argent qu'ils peuvent ainsi se procurer leur coûte beaucoup moins cher que leur
propre argent qu'ils peuvent placer à un taux
supérieur.

Les grands et les moyens agriculteurs ont vu
cela tout de suite et ils ont été les plus empressés
au début à se faire ouvrir des crédits dans les
banques mutuelles.

Les petits agriculteurs après un instant d'hési-
tation ont fini par se décider à leur tour; ils
s'enhardissent de plus en plus et on les voit maintenant prendre le chemin de la banque sans
baisser la tête et sans se cacher.

C'est un commencement de bon augure, mais
qui est encore bien insuffisant. La masse des
petits et surtout des tout petits agriculteurs est
toujours réfractaire aux opérations de crédit dont
le mécanisme et les avantages lui échappent et ce
qui a été fait n'est rien en comparaison de ce
qui reste à faire. Il y a toute une propagande à
organiser, une sorte de croisade à entreprendre
qui réclame le concours énergique et convaincu
de nos professeurs d'agriculture, des Sociétés et
des Syndicats agricoles, de tous ceux surtout qui,

entrant dans nos idées, veulent entreprendre la campagne du retour à la terre

Il n'est pas d'argument plus puissant pour entraîner les travailleurs que de leur dire : « Il dépend de vous, demain, si vous le voulez, de conquérir l'indépendance, la sécurité et le bien-être. Apprenez à cultiver la terre et quand vous le saurez, ne vous inquiétez pas du reste. Vous trouverez toujours une ferme à louer et quand vous y serez entrés, si vous êtes laborieux, économes et honnêtes, vous pourrez vous procurer tout l'argent nécessaire pour acheter des engrais et du bétail. Cet argent-là vous rapportera 6 pour 100, 10 pour 100 et même davantage, comme vous le prouveront les champs de démonstration que vous trouverez à côté de vous, et il vous sera facile de le rembourser à 3 pour 100. »

Il nous paraît impossible que tant d'infortunés qui croupissent misérablement dans les villes après avoir déserté leur village restent insensibles à des raisons de ce genre et qu'elles ne finissent pas par les ramener à leur berceau.

V

Mais si l'agriculture est pour ce premier élément de la production en avance sur l'industrie,
il n'en est pas de même pour l'autre, pour les
frais généraux. Il est surtout dans les frais généraux un facteur considérable qui exerce une
influence prépondérante sur le prix de revient
de tous les produits, c'est l'impôt. Comme il
s'incorpore dans le produit, il constitue bien
souvent la principale différence dans la valeur
des choses d'un pays à un autre.

Nous touchons ici à une question capitale pour
l'agriculture et sur laquelle on ne saurait trop
insister; elle est aujourd'hui comme la clef de
voûte du problème agricole et elle se rattache à
la plus urgente des réformes. Le retour à la terre
ne se fera sérieusement que le jour où les pouvoirs publics se décideront à entrer hardiment
dans la voie des dégrèvements agricoles et de la
revision de notre législation terrienne. Notre Code
de procédure est à réformer presque en entier et
notre Code civil lui-même doit subir des remanie-
ments profonds sur certains points si l'on veut
faire quelque chose de sérieux et d'efficace. Il faut
mettre hardiment la cognée dans cet arbre géant
qui depuis un siècle ne cesse de monter et qui
étouffe tout ce qui essaie de pousser à son ombre.

On a souvent contesté, et on conteste encore tous les jours, l'énormité des charges qui pèsent sur la terre; elle est telle que dans les milieux financiers et même politiques il existe une tendance bien naturelle, sinon à la nier, tout au moins à la masquer du mieux qu'on peut. On fait observer aux agriculteurs, pour les endormir, que beaucoup d'autres contribuables en France sont également très peu ménagés, de quoi nous convenons très volontiers. L'industrie est aussi très durement frappée, son fardeau est énorme et s'alourdit tous les jours, ce qui la met dans une situation d'infériorité de plus en plus grande vis-à-vis de la concurrence étrangère.

Mais le malheur de l'un n'empêche pas celui de l'autre et l'agriculture reste toujours malgré tout la plus imposée de toutes nos industries, la bête de somme du fisc, comme on l'a si justement appelée. Il n'est pas facile, il est vrai, de faire exactement le compte de ce qu'elle supporte, parce que l'agriculteur est atteint par tant de taxes diverses que leur total ne se dégage pas aisément. Il n'est cependant pas impossible de l'établir sur des données très sérieuses.

Ce travail vient d'être entrepris de différents côtés avec une grande précision. Le calcul qui avait déjà été fait avec le soin le plus consciencieux par M. de Luçay, a été repris par M. Camille

Fouquet, député, dans une communication faite par lui à la Société Nationale d'Agriculture[1]. M. Fouquet commence par établir, avec une rigueur mathématique, le compte des impôts directs supportés par l'agriculteur, impôt foncier et centimes additionnels, impôt des portes et fenêtres, de la contribution personnelle et mobilière, des prestations, de la taxe des biens de mainmorte : le total de ces impôts s'élève à plus de 411 millions.

Ces 411 millions portent sur le revenu de la terre que M. Fouquet évalue à 2 milliards 397 millions; mais ce revenu est lui-même grevé d'une charge énorme qui le diminue dans des proportions considérables. La dette hypothécaire de la France, qui était en 1894 de 14 milliards, fait peser sur la terre, d'après les calculs les plus optimistes, une charge annuelle de 476 millions qui diminue d'autant son revenu[2]. Le revenu net de la propriété rurale se trouvant ainsi ramené à 1921 millions, les 411 millions d'impôts directs qui pèsent sur elle représentent une proportion de 21 pour 100.

Mais les impôts directs ne sont pas tout; il faut y ajouter les innombrables taxes de transmission qui frappent la terre, droits de vente, de location,

1. *Journal de l'Agriculture* des 20 et 27 août 1904.
2. La charge hypothécaire de la propriété bâtie urbaine ne serait d'après ce calcul que de 244 millions.

de partage, de donation, de succession, qui sous
le nom de droits d'enregistremen*.* représentent la
somme énorme de plus de 700 millions. M. Fouquet les répartit également sur la valeur de la
propriété agricole, de la propriété urbaine et de
la propriété mobilière, calcul qui est évidemment
au désavantage de la terre, puisque les droits de
mutation qui la grèvent sont infiniment plus élevés que ceux de la propriété mobilière. Le raisonnement n'en a que plus de force au point de
vue agricole et quand M. Fouquet estime la part
qui pèse de ce chef sur la propriété agricole à
296 millions et porte ainsi la charge totale de
celle-ci à 36 pour 100 de son revenu, il est certainement au-dessous de la vérité.

Ce qui semble bien le prouver, c'est qu'après
lui l'estimation des impôts qui grèvent la terre a
été faite d'une façon quasi officielle et d'après
des renseignements émanés de l'Administration
elle-même, par M. Klotz, rapporteur du budget
de l'agriculture de 1905, qui a introduit dans
son rapport une étude remarquable et très appro
fondie sur le même sujet. Ses conclusions sont
encore plus sévères que celles de M. Fouquet
pour notre système fiscal.

Il établit d'abord que le Français est le contri-
buable le plus imposé du monde : il paie, en
moyenne 83 francs par tête, soit 15 francs de
plus que l'étranger le plus imposé. Pour l'agricul-

teur français, la taxe moyenne s'élève même à 138 francs.

M. Klotz analyse ensuite en détail les charges de toute nature qui pèsent sur la terre. Il établit d'abord, par une série de calculs serrés, qu'elle paie, tant à l'État, qu'au département et à la commune, 21 fr. 80 pour 100 de son revenu; il croit devoir y ajouter, comme M. Fouquet, un chapitre pour la dette hypothécaire qu'il évalue à 15 milliards, produisant 600 millions d'intérêts, dont 400 millions pour la propriété non bâtie, soit encore 20 pour 100 du revenu agricole. M. Klotz arrive ainsi, en ajoutant à ces chiffres 1 pour 100 pour les frais d'actes dus aux officiers publics, à cette conclusion que l'ensemble des impôts auxquels la terre doit d'abord faire face avant de produire un centime de bénéfice représente 41 pour 100 du revenu de la terre.

M. Klotz ne s'en est pas tenu là et, voulant faire la preuve complète de la situation vraie de l'agriculture, il a mis dans la seconde partie de son étude, en face des charges de la terre, celles de la propriété mobilière, en totalisant aussi les impôts qui la grèvent. Il a établi, d'après le bulletin statistique de l'administration de l'Enregistrement de 1903, que les valeurs mobilières avaient payé 265 millions d'impôts pour droits de transmission, droits de timbre, impôt sur le revenu, sur les opérations de Bourse, droits de succession, ce qui représente pour un revenu de 3 milliards 436 millions, 7 fr. 59 pour 100. La terre paie donc cinq fois plus que la richesse mobilière. Qu'on s'étonne maintenant que les capitaux se détournent d'elle pour se porter sur les valeurs mobilières et que la fortune territoriale de la France ait baissé de 20 pour 100, pendant que la fortune mobilière augmentait du double !

De tous les impôts qui accablent l'agriculture, il faut bien le dire, le plus lourd, le plus écrasant, bien qu'il ne soit pas le plus élevé, le moins justifiable parce qu'il est le plus anti-économique, c'est certainement l'impôt de transmission avec son cortège de formalités de toutes sortes, d'actes notariés, purges d'hypothèques, partages judiciaires, licitations, etc. ; là est la principale cause du découragement des propriétaires et surtout des petits propriétaires. Aussi, est-ce de ce côté qu'il faudrait porter la première réforme fiscale, afin de débarrasser la propriété agricole des liens qui l'étranglent et de lui rendre, comme à la propriété mobilière, la liberté de ses mouvements.

Nous n'allons pas jusqu'à proposer la mobilisation pure et simple de la terre et nous ne demandons pas qu'on puisse la céder comme une valeur au porteur. Un tel système ne serait pas sans inconvénients et pourrait favoriser des spéculations peu intéressantes ; nous croyons cependant qu'on pourrait rendre la propriété rurale plus mobilisable. Certaines législations sont déjà entrées dans cette voie et il serait facile de s'en rapprocher.

En attendant qu'on en vienne là, est-ce qu'on ne pourrait pas tout de suite faire bénéficier toutes les terres de France des procédures simplifiées de purge et de réalisation du gage dont le privilège est réservé au Crédit Foncier? Est-ce qu'on ne pourrait pas aussi transformer le droit de mutation en même temps qu'on le diminuerait? N'est-il pas exorbitant que cette taxe, qui dans tous les États de l'Europe varie de 1 à 3 pour 100, atteigne en France 6,88 pour 100 et 10 pour 100 avec le timbre? Qui empêcherait de faire du droit de mutation une taxe unique d'abonnement, comme on l'a fait pour les biens de mainmorte et pour les valeurs mobilières au porteur[1]?

Cette simple transformation réaliserait un grand progrès. Le paiement d'une taxe annuelle modique serait infiniment moins lourd que le déboursé immédiat d'une forte somme, qui représente plusieurs années de revenu; en se répartissant sur un grand nombre d'années cette taxe atteindrait proportionnellement tous les détenteurs de la propriété et faciliterait singulière-

---

1. L'idée a été présentée avec beaucoup de force par M. Flour de Saint-Genis dans son remarquable ouvrage sur la *Propriété rurale en France*, qui est une mine de documents (chez Armand Colin).

ment sa transmission; l'acheteur n'ayant plus à payer au fisc une très grosse somme le jour même de son entrée en possession, la circulation de la terre serait rendue plus facile et moins onéreuse.

Malheureusement le législateur ne semble pas disposé, jusqu'à présent, à renoncer à cette recette si commode des gros droits d'enregistrement, pas plus qu'à diminuer le lourd fardeau fiscal qui pèse sur la propriété rurale; bien loin de le diminuer, tous les projets de réforme qu'on nous apporte ne tendent qu'à l'augmenter. Il n'est pas difficile de démontrer que l'impôt global sur le revenu, par exemple, si on l'établit, retombera de tout son poids sur la propriété immobilière, la seule qui ne puisse pas échapper à l'œil du fisc; il ne sera pas autre chose qu'une nouvelle prime donnée à la fortune mobilière si facile à dissimuler et une nouvelle cause d'infériorité pour la terre; l'exode rural, bien loin de se ralentir, redoublera d'intensité.

On voudrait dégoûter les agriculteurs de la terre qu'on ne pourrait pas inventer un système plus ingénieux, plus raffiné. On vient les relancer, les traquer au milieu de leur travail déjà si ingrat et souvent si rebutant, au milieu de leur vie d'inquiétude perpétuelle pour leur demander compte de tout ce qu'ils font, de tout ce qu'ils produisent, de ce qu'ils gagnent, et même de ce qu'ils mangent; on violente, on révolte tous leurs instincts.

On sait, en effet, combien il est difficile d'obtenir des agriculteurs, même les plus intelligents, la
tenue d'une comptabilité régulière; ce n'est ni
paresse, ni inintelligence de leur part, c'est méfiance, méfiance atavique, besoin de ne confier à
personne le secret de leurs affaires et le résultat
de leurs opérations. L'agriculteur tient à vivre au
jour le jour, à travailler au jour le jour, et il se
refuse à calculer d'avance ses recettes et ses
dépenses; peut-être est-ce aussi parce que l'expérience lui a appris, hélas! que ses prévisions
sont trop souvent déjouées par la malicieuse
nature et que ce serait du temps perdu que
d'aligner des chiffres. Il remplace le grand livre
par son bas de laine : quand il est rempli, c'est
que l'année est bonne; quand il est vide, c'est
qu'elle est mauvaise. Il n'en sait pas davantage
et cela lui suffit.

Et c'est à cet homme que vous allez demander
d'établir chaque année par doit et avoir le compte
exact de son revenu, comme vous le feriez à un
commerçant ou à un industriel! Vous ne savez
donc pas combien ce compte est difficile à dresser?
Les opérations agricoles ne ressemblent ni aux
opérations industrielles ni aux opérations commerciales qui se terminent presque toujours à échéances fixes, elles sont à échéances lointaines et
indéterminées. Les exercices ne peuvent pas se
clôturer régulièrement parce qu'ils chevauchent

les uns sur les autres, parce que les bonnes et les mauvaises années s'enchevêtrent les unes dans les autres sans qu'on puisse trouver la limite qui les sépare. Le revenu vrai d'un agriculteur en fin d'année est presque impossible à déterminer; il suppose, en effet, la réalisation d'opérations en cours dont on ne peut pas prévoir les résultats.

Voilà le terrain mouvant sur lequel le fisc a la prétention d'engager la discussion avec des millions d'agriculteurs ; il faudra qu'il les mette sur la sellette, qu'il les confesse, le mot n'est pas trop fort, pour en obtenir les renseignements les plus intimes sur leur manière de vivre, leur consommation journalière et celle de leur famille, sur ce qu'ils dépensent pour ensemencer leurs terres, nourrir leur bétail, etc., etc. Nous plaignons le gouvernement chargé d'une pareille besogne.

Il est vrai que les partisans de l'impôt sur le revenu ne s'effraient pas de tout cela, parce qu'ils sont convaincus que les choses ne se passeront pas ainsi, et ils ont peut-être raison. Ils espèrent que le travailleur de la terre, toujours resté taillable et corvéable à merci, n'aura ni l'idée, ni le courage de discuter avec les tout-puissants seigneurs du fisc, qu'il courbera la tête devant eux et se laissera taxer comme il leur plaira sans mot dire.

C'est probable, mais s'il se laisse tondre il n'en sera que plus exaspéré et nous craignons fort qu'il

ne fasse, plus tôt qu'on ne croit, retomber sa mauvaise humeur sur ceux qui lui auront fait ce triste
cadeau. Malheureusement, il la fera aussi retomber sur la terre qui lui vaudra tant d'ennuis,
qui lui attirera tant de désagréments et il s'en
sauvera au premier jour pour échapper à la griffe
du fisc.

Si l'on veut avoir une idée de la mentalité du
rural dans ses relations avec les agents de l'État,
qu'on regarde ce qui se passe en ce moment pour
les bouilleurs de cru. Est-il rien de plus significatif, de plus suggestif? Il a suffi que la loi autorisât la visite administrative de la cave du bouilleur pour mettre celui-ci en véritable état d'insurrection; et il est à remarquer que ce ne sont
pas les fraudeurs qui ont été les plus mécontents, les plus indignés, ce sont les autres. Leur
irritation en est venue à ce point qu'un grand
nombre de bouilleurs ont renoncé à distiller et
ont laissé leurs fruits pourrir sur l'arbre pour
n'avoir pas à discuter avec la Régie.

L'impôt sur le revenu, qui forcera l'agriculteur
à subir les investigations de l'Administration dans
toutes les branches de sa production, soulèvera
bien d'autres colères et la levée de boucliers sera
autrement terrible. Les auteurs du projet, qui
aperçoivent le danger, espèrent le conjurer en
épargnant la masse des petits contribuables, en
exemptant, dans les petites communes, tous les

agriculteurs qui ont moins de 750 francs de revenu, et en ne frappant que d'une taxe très légère les dernières catégories de contribuables. Ils se flattent de mettre ainsi le nombre dans leur jeu en l'ameutant contre la minorité qu'on étranglera.

Vain espoir ! Le nombre ne tardera pas à ouvrir les yeux et à deviner ce qui l'attend. Il saura fort bien qu'une fois que la loi sera entrée en application elle finira par atteindre tout le monde ; quand on crée un engrenage financier de cette puissance, chacun y passe à son tour. Le jour où on s'apercevra que l'impôt ne rend pas assez parce que les gros contribuables se dérobent en morcelant leurs terres, ce qui sera inévitable, il faudra bien retomber sur les catégories inférieures et leur demander davantage ; ce sera l'affaire d'un tour de vis.

L'impôt sur le revenu aura un autre résultat, un résultat général auquel personne n'échappera, pas plus les petits propriétaires que les grands : la dépréciation croissante de la terre sera la conséquence inévitable du système. Qui voudra mettre sa fortune en terres, quand chacun sentira cette épée de Damoclès de l'impôt sur le revenu suspendue sur sa tête et sera amené à se dire : quoi que je fasse, je suis désormais le prisonnier du fisc qui peut me rançonner à sa guise ? Tout le monde vendra et personne n'achètera ;

les valeurs mobilières, les valeurs étrangères surtout monteront pendant que la rente de la terre et sa valeur vénale ne cesseront de descendre.

Nous assisterons à une nouvelle chute de la propriété foncière dont elle ne se relèvera pas et dont chacun sera victime. Car il n'existe qu'un marché de la terre, le même pour tous les propriétaires, et quand les grandes propriétés se vendent mal, les petites ne se vendent pas mieux. Elles se vendront d'autant moins que les grandes se morcèleront et viendront faire concurrence aux autres.

Nous nous bornons à ces simples considérations sans pousser plus loin une discussion qui nous entraînerait trop loin ; elles suffisent à établir ce que nous voulions prouver, que l'impôt global et progressif sur le revenu serait un des coups les plus funestes qu'on puisse porter à notre agriculture renaissante, et qu'il serait de nature à arrêter complètement son relèvement.

VI

Nous en avons dit assez pour établir la première partie de notre démonstration, à savoir que dans l'état actuel de notre législation et après les

progrès immenses déjà réalisés dans les conditions de la production, l'agriculture est bien près
de se trouver sur le même pied que l'industrie et
n'a plus grand'chose à lui envier. Elle a même
sur elle certains avantages et en quelques points
une avance sérieuse.

Mais la production n'est pas tout et il ne suffit
pas de bien produire, de produire à bon marché,
ni de produire beaucoup pour faire fortune et
gagner de l'argent dans une industrie quelconque, il faut aussi bien vendre. On peut même
dire que c'est la vente qui forme le véritable
critérium d'une industrie prospère et bien organisée, puisque c'est elle qui décide du bénéfice.

Nous touchons ici au point le plus faible de
l'organisation agricole, à celui qui jusqu'à ces
derniers jours constituait la cause d'infériorité la
plus flagrante de l'agriculture vis-à-vis de l'industrie. Nos agriculteurs qui ont fait tant de progrès techniques dans l'ordre de la production sont
encore dans l'enfance au point de vue de la vente.
La plupart d'entre eux continuent à vendre
comme dans les temps primitifs, sans se demander s'il n'y a pas mieux à faire et si le système
qu'ils pratiquent n'est pas ruineux pour eux. Les
uns portent leurs produits au marché le plus
voisin et sont obligés après avoir perdu un temps
considérable de vendre quand même, à n'importe
quel prix, pour ne pas remporter leur marchan-

dise; les autres livrent leurs denrées à des entrepreneurs qui spéculent sur eux et gardent tout le profit de l'opération.

Le résultat de cette absence d'organisation de la vente est facile à chiffrer, et il permet de mettre le doigt sur le vice caché qui empêche l'agriculteur de tirer de son produit tout ce qu'il serait en droit d'en espérer. Il suffit d'un simple calcul et il a été souvent fait, pour évaluer les énormes pertes que subit ainsi l'agriculture par sa faute.

Qu'on compare, statistiques en main, le prix des principaux produits agricoles, celui que touche l'agriculteur, à celui que paie le consommateur pour le même produit, et on sera stupéfait de l'écart qui les sépare. Qu'on multiplie ensuite cet écart par les quantités produites et vendues et on pourra en déduire le chiffre de la perte totale de l'ensemble de l'agriculture.

Pour avoir une idée approximative de l'étendue de cette perte, examinons par exemple ce qui se passe pour la viande. Tout le monde est fixé sur les énormes bénéfices réalisés par les bouchers des grandes villes; le difficile est de les établir mathématiquement, parce que le prix de revient tient à une foule de facteurs qui sont le secret du boucher lui-même. On ne peut donc arriver, à la vérité, qu'en se faisant boucher soi-même et en opérant pour son propre compte, ce qui n'est

guère possible que pour de grandes Administrations et des Sociétés.

Une des premières tentatives de ce genre a été
faite il y a longtemps déjà, en 1892, par les
hospices du Havre. Elle a été analysée dans ses
résultats par M. Zolla[1], d'après les comptes
détaillés et parfaitement établis de l'économe,
M. Dubus. Il résulte de ces comptes que pour des
animaux de très bonne qualité, les prix de
revient, tous frais payés, ont été les suivants .
pour les bœufs 1 fr. 44 le kilo poids net; pour
les veaux 1 fr. 66, pour les moutons 1 fr. 87,
pour les porcs 1 fr. 53. Le prix moyen ressort
ainsi à 1 fr. 40.

M. Zolla fait ensuite entrer dans le compte la
valeur des issues (langues, foies, etc.) ce qui
ferait, selon lui, monter la valeur du kilogramme
à 1 fr. 47, prix un peu supérieur à celui qui résulte du calcul de l'hospice (1 fr. 40).

Il restait à établir les prix de vente chez les
bouchers du Havre; pour rendre la comparaison
indiscutable, M. Zolla a voulu prendre leurs prix
les plus bas et il a adopté ceux qui avaient été
obtenus en adjudication par le lycée du Havre.
Or le prix unique pour toutes les espèces de
viande a été de 1 fr. 66, c'est-à-dire supérieur
de 19 centimes par kilogramme à celui de l'hos-

1. *Les Questions Agricoles,* chez Félix Alcan.

pice. En abaissant l'écart même à 10 centimes, il se trouve encore que l'hospice, dont la consommation totale a été pour cette année de 134 000 kilogrammes de viande, aurait réalisé une économie de plus de 13 000 francs. Elle représente ce que l'agriculture pourrait gagner.

M. Zolla ajoute que, d'ailleurs, le boucher adjudicataire du lycée n'en a pas moins fait de son côté un bénéfice qu'il évalue, après une étude très consciencieuse, à 15 centimes au minimum par kilogramme.

Le prix du pain est plus régulier que celui de la viande et il n'est pas douteux que les boulangers sont loin de réaliser les gros bénéfices des bouchers. On peut cependant constater que l'écart entre le prix du blé et celui du pain varie singulièrement; si l'on consulte les statistiques du ministère de l'agriculture, on découvre aisément que cet écart qui représente la part du boulanger est d'autant plus élevé que le blé est moins cher.

Pour les produits de la culture maraîchère, la différence est bien plus saisissante encore; il n'est pas de ménagère qui ne gémisse quand elle compare ses comptes d'aujourd'hui à ceux d'autrefois.

La cause du mal est bien connue, c'est le nombre considérable des intermédiaires qui se placent entre l'agriculteur et son acheteur. Chacun d'eux commence naturellement par opérer son

prélèvement sur la marchandise, ce qui en augmente le prix en proportion des mains par lesquelles elle passe.

Ce qui est plus grave, c'est que l'intermédiaire
est le maître des cours et que c'est lui qui fait la
loi au vendeur. L'agriculteur isolé est trop
faible pour se défendre et il faut toujours qu'il
passe sous les fourches caudines de celui auquel
il livre sa marchandise. Il ne peut pas courir d'un
acheteur à l'autre pour mieux vendre; son temps
est trop précieux pour cela. D'autre part, il ne
peut que rarement garder sa marchandise, soit
qu'elle ne puisse pas se conserver, soit qu'il ait
besoin d'argent : il faut donc qu'il vende n'importe comment et l'intermédiaire qui sait cela le
jugule à son aise.

Il n'entre pas dans notre pensée, on le devine
aisément, de soutenir que tous les intermédiaires
sont inutiles et qu'il faut les supprimer. Nous en
sommes d'autant plus éloignés que nous voudrions au contraire que l'agriculteur n'ait pas à
s'occuper lui-même de la vente de ses produits
qui lui fait perdre une partie de son temps et de
ses forces et qu'il se décharge de ce soin sur
d'autres. Ce que nous entendons dire, c'est d'a-
bord que le nombre des intermédiaires est infiniment trop grand, qu'il y en a 4 ou 5 là où il n'en
faudrait qu'un; c'est, ensuite, que les intermédiaires sont trop indépendants de l'agriculteur et

travaillent trop exclusivement pour eux sans se soucier de l'intérêt du producteur.

Si l'on considère ces points comme acquis, la conclusion apparaît tout de suite et le remède à cette organisation si défectueuse est facile à trouver.

VII

Il est dans l'association, ce puissant régulateur de tous les intérêts. Les associations coopératives seront avec le temps le grand instrument d'émancipation de l'agriculture; elles lui permettront d'obtenir de ses produits le maximun de recettes en mettant directement en rapport le producteur et le consommateur et en débarrassant la vente des éléments parasitaires qui les ruinent tous deux.

Elles sont d'une souplesse merveilleuse et peuvent prendre toutes les formes; leur développement a été tel depuis quelques années qu'on n'a que l'embarras du choix quand on veut donner des exemples[1]. Le monde agricole est enré en

---

1. Aujourd'hui on ne compte pas moins de 18 000 associations rurales sans compter les Sociétés d'Agriculture et les Comices. On peut les dénombrer ainsi qu'il suit : syndicats professionnels patronaux et ouvriers, 3000 ; ouvriers, 200. Crédit agricole mutuel, Caisses locales et régionales, 1500. Assurances agricoles mutuelles, 5000. Coopération agricole. Laiteries coopératives, 150. Sociétés coopératives de production, de vente, de travail, de

plein dans le mouvement mutualiste et c'est peut-être lui qui va le plus vite en ce moment. Il ne s'arrêtera pas et il arrivera à son but qui est de mettre de l'ordre, de l'harmonie dans le fonctionnement des lois économiques. Les pouvoirs publics en comprennent aujourd'hui la puissance bienfaisante et l'encouragent sous toutes les formes. Malheureusement les sociétés de vente qui seraient les plus utiles sont encore les moins nombreuses[1].

Les viticulteurs du Midi ont été les premiers à se jeter dans cette voie nouvelle, en constituant à Paris et dans les grandes villes des dépôts par régions et même par crus, qui n'exigent pas d'autre dépense que celle d'un bureau et du gérant chargé de recevoir les commandes. Les frais de réclame se réduisent à l'envoi de cartes et à quelques annonces qui suffisent à renseigner le public et à attirer sa clientèle. Il faut y ajouter le magasin de dépôt, les caves de la société qui exigent des avances assez importantes, mais

consommation, 100; fruitières ou fromageries coopératives, 1500. Boulangeries coopératives rurales, 400. Prévoyance, Sociétés de secours mutuels, 6000. Caisses de retraites agricoles, 50. Sociétés vigneronnes d'aide mutuelle, 100.

1. Le parlement est saisi en ce moment d'une proposition de loi due à l'initiative de l'honorable M. Clémentel, actuellement ministre des Colonies, et qui a pour objet de subventionner largement les Sociétés coopératives agricoles de production et de vente au moyen d'un prélèvement sur les sommes mises en réserve à la Banque de France pour le crédit agricole.

qu'est-ce que cette dépense répartie sur l'ensemble des associés en comparaison du profit que retire le viticulteur de la vente directe et assurée de son vin aux prix qu'il a fixés lui-même!

L'exemple donné par la viticulture ne pouvait manquer de faire des prosélytes et on voit maintenant les coopératives se multiplier un peu partout. De nouveaux magasins de produits agricoles se créent tous les jours et chaque branche de production arrive de plus en plus à faire sa cote au lieu de subir celle des intermédiaires. La procédure à suivre pour constituer une semblable organisation est du reste à la portée de tout le monde[1].

1. Nous ne pouvons mieux faire, pour éclairer le monde agricole sur ce point, que de reproduire un passage d'une précision remarquable que nous empruntons à un article de la *Démocratie Rurale* de M. Kergall :

« Des propriétaires habitant la même localité, récoltant les mêmes produits et renonçant à ce sentiment de jalousie et de défiance qui fait tant de mal dans nos campagnes, se sont, sous la direction de l'un d'eux, intelligent autant que dévoué, groupés au nombre de 10, 15, 20, voire même de 60 et 80 pour expédier en commun, pendant la saison, leurs produits à une maison de Commission sérieuse et honorable, chargée d'en tirer le meilleur parti possible. »

Ils ont compris qu'en agissant ainsi ils faisaient l'économie de tous les frais qui grèvent les expéditions partielles.

Ainsi :

1° Ils bénéficiaient des tarifs réduits accordés aux denrées des halles, quand elles atteignent le poids de 50 ou 60 kilogrammes, suivant les Compagnies, tandis que les expéditions inférieures subissaient une perte sérieuse dans les prix de transport;

2° Par ces groupements ils évitaient les charges résultant de

Nous n'essaierons pas de faire l'énumération complète des nombreuses sociétés coopératives fondées en France depuis moins de vingt ans et qui, dès à présent, offrent à la plupart des branches de notre production agricole une organisation de vente aussi parfaite que possible et pouvant servir de modèle aux autres[1].

Nous croyons cependant devoir attirer l'atten-

l'habitude qu'ont les chemins de fer d'arrondir les poids réels en faisant, par exemple, payer 30 kilogrammes à un colis qui ne pèse que 22 ou 25 kilogrammes;

3° Ils réalisaient les mêmes économies dans les frais de camionnage;

4° Ils évitaient les droits de timbre et d'enregistrement de 0 fr. 45 qui frappent chaque expédition partielle;

5° Ils économisaient enfin les frais d'affranchissement des comptes de vente et ceux de règlement, en les centralisant.

Pour obtenir ce résultat, les cultivateurs ou propriétaires, ainsi groupés, mettent sur une seule lettre de voiture, adressée au même destinataire, les expéditions d'importance et même de qualités différentes appartenant à chacun d'eux et portant sur l'étiquette, attachée à chaque colis, le nom du propriétaire ou même simplement son numéro d'ordre dans le groupement.

En même temps, ils adressent par la poste au destinataire un bordereau de groupage donnant le nom ou numéro d'ordre convenu de chaque expéditeur, la nature et le poids de ses colis, de façon qu'un compte de vente spécial puisse être ouvert à chacun d'eux.

Par mesure de précaution, et par crainte d'erreur ou de retard de la poste, un duplicata de ce bordereau de groupage peut être mis dans un des paniers facilement reconnaissable à une marque conventionnelle.

1. Nous ne pouvons que renvoyer le lecteur qui voudrait être exactement renseigné à l'étude si complète, si consciencieuse que vient de publier M. André Colliez, sous ce titre : *les Associations Agricoles de production et de vente*, chez Guillaumin, qui résume les communications faites par lui à la Société d'Économie Politique Nationale.

tion sur quelques-unes de ces sociétés parce
qu'elles intéressent nos grandes industries agricoles et qu'elles ont fait leurs preuves. Les plus
importantes ont pour objet la fabrication et la
vente du beurre, des œufs et du fromage, et des
fruits et légumes.

Les beurreries coopératives offrent au producteur des avantages qu'il n'est plus possible aujourd'hui de méconnaître. Un fermier faisant son
beurre lui-même retire de 100 litres de lait, 3 kilogrammes de beurre ; il lui faut donc 33 litres de
lait pour faire un kilogramme de beurre ; or, les
beurreries coopératives, grâce à leur outillage
perfectionné, font en moyenne un kilo de beurre
avec 26 à 28 litres. Ce n'est pas tout : à l'économie sur la matière première s'ajoute l'économie
de temps qui n'est pas à dédaigner ; il est facile
de comprendre qu'il faut beaucoup moins de
temps pour travailler mille litres de lait dans un
seul établissement que dans 80 ou 100 fermes
représentant la même quantité.

Inutile de dire que la fabrication étant faite
tous les jours avec de la crème fraîche au lieu de
l'être une ou deux fois par semaine avec de la
crème aigre et des instruments imparfaits, le
beurre des coopératives est toujours de qualité
supérieure et fait prime.

Grâce à ces procédés perfectionnés, de la fabrication en commun, le prix du lait payé par

les coopératives à leurs adhérents, va de 10 à
12 centimes le litre et le bénéfice de l'opération
peut se résumer ainsi : avec la fabrication domestique, l'agriculteur retire de 100 litres de lait
6 francs de beurre, tandis qu'avec la coopérative,
il vend son beurre de 8 à 10 francs sans dépense
de main-d'œuvre ni perte de temps.

Mais ce n'est pas seulement pour la production,
c'est pour la vente que les sociétés beurrières
rendent service à l'agriculteur; elles le dispen-
sent de porter son beurre au marché et lui trouvent des acheteurs sur les marchés les plus éloignés et même à l'étranger.

La région des Charentes et du Poitou compte
à elle seule 98 beurreries groupant près de
50 000 cultivateurs qui possèdent 130 000 vaches.
La production moyenne de ce groupement important représente 200 millions de litres de lait, qui
équivalent à 10 millions de kilos de beurre d'une
valeur de 27 à 30 millions; c'est de là que le
grand marché de Paris reçoit la moitié de son
immense approvisionnement[1].

1. Il résulte de l'enquête faite par le Ministère de l'Agriculture
en 1902, qu'il y a eu France 2000 établissements produisant indus-
triellement du beurre frais; 661 de ces établissements sont organisés en sociétés coopératives, et 1339 appartiennent à des parti-
culiers. Leur production totale est estimée à 62 millions de francs.
Si l'on songe que la production annuelle de beurre pour toute la
France est évaluée à 300 millions de francs, on voit combien la production industrielle a encore de chemin à faire et combien il reste
d'argent à gagner par nos agriculteurs, rien que sur ce chapitre.

La production du fromage en commun présente les mêmes avantages pour la fabrication et
la vente; les associations françaises, qui ont pris
naissance bien avant toutes les autres, ont leur
berceau dans le Jura et la Franche-Comté, où,
sous le nom de fruitières, elles monopolisent en
quelque sorte la production du gruyère. L'exploitation des fromageries donne à peu près les mêmes
bénéfices que celle des beurreries; le lait qui
ne se vend pas plus de 6 à 8 centimes au fro-
mager individuel produit de 11 à 12 centimes,
quand il passe par la fruitière.

Malgré ces excellents résultats il faut bien constater que le développement des fruitières est de
beaucoup inférieur à celui des beurreries; leur
nombre reste presque stationnaire aux environs
de 2500 et elles ne sortent guère de leurs départements d'origine. On donne de ce ralentissement,
dans la marche des fruitières, des raisons qui ne
sont pas sans valeur; elles n'ont pas, d'ordinaire, un capital suffisant pour payer des à-
comptes à leurs adhérents, qui sont obligés
d'attendre que les ventes aient été réalisées pour
toucher le prix de leur lait; elles se trouvent
ainsi dans un véritable état d'infériorité vis-à-vis
des fromageries individuelles qui paient le lait
qu'on leur fournit au moins une fois par mois.

Il est un autre genre d'association de vente qui
est destiné à rendre également de très grands

services et qui s'adapte encore plus facilement à la pratique actuelle; il consiste à conserver le rouage du commissionnaire en améliorant son fonctionnement. On sait combien le producteur agricole qui traite isolément avec lui est peu de chose vis-à-vis de ce puissant personnage auquel il ose à peine demander des comptes et encore moins donner des ordres; il tremble comme un enfant entre ses mains. Mais quand, au lieu d'un pauvre marchand de légumes ou de fruits, ce sont tous les maraîchers, tous les producteurs de fruits d'une région qui traitent avec le commissionnaire par l'intermédiaire de la Société qui les représente, la situation change de face et les rôles sont renversés; c'est au commissionnaire à son tour à compter avec son gros client et à tâcher de le satisfaire.

Les Associations de ce genre sont déjà très nombreuses et il s'en crée tous les jours de nouvelles. Le syndicat professionnel des jardiniers de Nantes fondé au capital de 15 000 francs paie en général à ses adhérents 10 pour 100 au-dessus du cours des marchés et il répartit encore en fin d'exercice 10 pour 100 du montant des achats, ce qui fait une augmentation de 20 pour 100 sur les cours ordinaires. La Société fait de grandes expéditions en Angleterre.

Le Syndicat des producteurs jardiniers de la région d'Hyères expédie à Paris et dans les grandes villes, des légumes, des primeurs et des fleurs. Celui de Lauris vend des asperges, celui de Quincy-Ségy des prunes et du cassis. Celui de Menton vend des citrons pour plus de deux millions par an; grâce à lui, le citron de première qualité qui se vendait 6 francs le mille vaut aujourd'hui 11 francs.

Citons encore la Société coopérative des agriculteurs du Puy-de-Dôme, celle des agriculteurs de Lot-et-Garonne, la Société coopérative des producteurs agricoles des Syndicats du Sud-Est, la Coopérative agricole des Alpes et de Provence qui rayonne sur sept départements et groupe 188 syndicats.

Le Syndicat des primeuristes français, fondé en 1901, a créé sous la forme coopérative une Association en participation pour l'exploitation d'un poste de vente aux halles. Son gérant le représente au pavillon n° 6 et accepte les expéditions des étrangers à l'Association qui y trouvent toujours leur avantage. C'est là une idée nouvelle et très ingénieuse qui est destinée à faire son chemin.

Le Syndicat central des Agriculteurs de France a installé un service spécial de vente au marché de la Villette pour le bétail et un service pour la vente des produits de toute nature; enfin l'Union agricole de France, société au capital de 1 100 000 francs vend à la commission les pro-

duits que lui adressent les Syndicats de vente
ou même les agriculteurs isolés auxquels elle
accorde une participation de 20 pour 100 dans
ses bénéfices au prorata des ventes effectuées

Mais les services que les Sociétés coopératives
rendent à nos agriculteurs pour la vente de leurs
produits sur le marché français ne sont rien en
comparaison de ceux qu'elles pourraient leur
rendre sur les marchés étrangers. La concurrence
universelle est devenue telle, elle est si fortement organisée dans tous les pays agricoles que
la lutte n'est plus possible pour les individus et
qu'il n'y a que l'Association qui soit capable de
livrer bataille aux puissantes Sociétés qui se
forment partout. C'est parce que nous ne le comprenons pas suffisamment que nous perdons du
terrain dans les pays dont les besoins s'accrois-
sent; les statistiques commerciales nous apportent,
cependant, chaque année des avertissements qui
devraient nous ouvrir les yeux[1].

Nous sommes devancés aujourd'hui par une
foule de grands pays, comme les États-Unis, le

---

1. Ce qui est inquiétant, c'est que nous commençons à être
assiégés jusque chez nous. Ainsi, la moyenne de nos importations de fruits qui avait été de 75 000 tonnes pour la période de
1895-1899 s'est élevée à 80 000 tonnes pour celle de 1900-1904.
Celle des pommes de terre a passé, dans le même temps, de
48 000 tonnes à 56 000. Il est vrai que nos exportations, pour les
mêmes produits, marquent, de leur côté, un mouvement ascen-
sionnel, bien faible malheureusement, si on le compare à celui
de nos principaux concurrents.

Canada, l'Italie, et même par de petits pays tels que le Danemark, la Suède, la Belgique, qui s'efforcent de nous supplanter partout, grâce à la supériorité de leur organisation commerciale qui est entièrement aux mains d'Associations agricoles.

A tous ces concurrents, il faut ajouter aujourd'hui, à côté de l'Australie, de la Nouvelle-Zélande, la République Argentine qui expédie du beurre des plaines fertiles du Rio de la Plata, grâce à un système perfectionné de chambres réfrigérantes installées à bord des paquebots des lignes postales rapides. Il y a quelques semaines le steamer Nile débarquait à Southamton 7500 caisses de beurre frais et salé qui a été échantillonné, goûté et trouvé excellent.

Sur le marché Anglais où nous occupions la première place pour les beurres, il y a vingt ans, nous sommes descendus à la troisième. Nos exportations sont tombées en 1900 à 44 millions, pendant que les ventes du Danemark s'élevaient à 226 millions. Nos exportations d'œufs ont baissé de 50 pour 100; de la première place, nous sommes passés à la cinquième, avec une exportation de 12 millions au lieu de 167. Nos ventes de fromage atteignent à peine le chiffre de un million et demi alors que l'Angleterre en achète pour 178 millions.

Enfin sur 978 millions de viande abattue nous ne fournissons à l'Angleterre que pour

2 610 000 francs, tandis que le Danemark lui en expédie plus de 100 millions grâce à ses 26 abattoirs coopératifs.

Sur le marché allemand, cependant, si voisin du nôtre, nous avons laissé prendre notre place par l'Italie qui lui envoie 70 mille tonnes de légumes et de fruits et par d'autres pays; sur une importation totale de 510 500 tonnes de légumes et de fruits achetés à l'étranger par l'Allemagne, nous ne lui en vendons que 43 000.

Les causes du recul de notre exportation sont faciles à découvrir. La principale est le défaut d'entente de nos producteurs, leur obstination à s'isoler au lieu de s'unir; s'ils avaient suivi de près ce qui se passe à l'étranger, il leur eût été bien facile de découvrir ce qui fait la force de leurs concurrents et leur propre faiblesse.

Ils n'avaient qu'à jeter les yeux sur le Danemark qui est devenu un de nos adversaires les plus redoutables. N'est-il pas surprenant que ce petit pays, qui ne compte que deux millions d'habitants, dont le climat est infiniment moins favorable que le nôtre, vende à l'Angleterre 400 millions de produits agricoles, c'est-à-dire plus que nous. Il est vrai que son exportation ne porte que sur trois articles dont il a merveilleusement organisé la vente, le beurre, les œufs et la viande, tandis que la nôtre se répartit sur une infinie variété de produits.

Rien que pour la vente des œufs il y a, au Danemark, 465 sociétés coopératives qui vont chercher les œufs chez leurs adhérents et les envoient à l'Union centrale laquelle englobe tout le pays. A leur arrivée dans les centres de réception et d'emballage, les œufs sont rangés par grosseur et examinés à la lumière. Ceux qui sont bons sont emballés dans des caisses contenant 120 douzaines; les œufs doivent porter le numéro de la Société locale et celui du sociétaire. C'est grâce à ce contrôle vigilant et à cette puissante organisation que la clientèle du Danemark n'a pas cessé de grandir, si bien que son exportation, qui était déjà de 134 millions d'œufs en 1894, s'est élevée en 1903, au chiffre énorme de 464 millions.

Pour l'exportation du beurre le Danemark a également fondé cinq grandes associations, dont l'une groupe jusqu'à 84 laiteries. Toutes ces Sociétés revêtent de leur estampille les beurres exportés, ce qui en augmente la valeur.

Si nous passons de la vente du beurre et des œufs à celle des légumes et des fruits, nous nous trouverons alors en face d'autres pays, mais toujours de la même organisation, de sociétés puissantes qui recueillent les produits et qui les expédient à l'étranger. C'est par ce moyen que l'Italie est parvenue à approvisionner le marché de Berlin. En Californie les asso-

ciations pour la vente des fruits sont innombrables[1].

Il serait injuste de dire qu'en France nous
n'avons rien fait et que nous avons assisté impas-
sibles au mouvement qui s'accomplissait autour
de nous et contre nous. Nous avons aussi essayé
de nous organiser et d'opposer la force de l'Association à l'assaut de nos concurrents. Nous
comptons déjà un certain nombre de sociétés
coopératives pour l'exportation, qui centralisent
la production de régions entières et qui se char-
gent de l'écouler sur les marchés étrangers. Le
Syndicat du Comtat est parvenu à envoyer sur
le marché de Londres et en Suisse plusieurs millions de kilos de fraises. Le Syndicat de Plou-
gastel expédie cinq fois par an en Angleterre
un bateau chargé de fraises. La coopérative des
agriculteurs de Lot-et-Garonne, la Syndicale de
Groslay, le Syndicat de Gaillon envoient des fruits
et des légumes jusque sur le marché de Londres.
En Algérie, les Syndicats de Guelma et d'Oran
expédient des primeurs en Angleterre et en Allemagne.

Cette énumération est forcément très incom-
plète et le recensement exact des Sociétés coopéra-

---

1. La plus importantes de ces associations centrales, la Sou-
thern California Fruit Exchange, a fait, dans ces dernières années,
pour 65 millions d'affaires. Dans la seule année 1900-1901, elle
a envoyé dans les grandes villes de l'Est 11 000 wagons d'oranges.

tives qui travaillent pour l'exportation est encore
à faire; mais il faut bien avouer que malgré
tous nos efforts, nous sommes très en retard sur
nos principaux concurrents, non seulement pour
le nombre des Sociétés, mais surtout pour leur
importance. Ce qu'il nous faudrait pour chacune
des branches de notre exportation agricole, ce
serait une organisation d'ensemble, reliée à un
centre d'où partirait l'impulsion et la direction.
Tant que nous n'aurons pas fait cela, nous serons aisément distancés par nos rivaux et nous
ne pouvons que recommander la question à
toute l'attention de nos grandes Sociétés d'agriculture.

Mais pour que nos Associations puissent engager la lutte avec succès sur les marchés étrangers, il est nécessaire de mettre dans leurs mains
les armes que nos concurrents eux-mêmes dirigent
contre nous. Il en est une, notamment, qui a contribué, plus que toutes les autres, à leur victoire,
c'est celle des transports qui leur assure une supériorité tactique incontestable.

Partout, on a compris la nécessité des transports
rapides et à bon marché pour l'exportation des
produits agricoles de grande consommation; c'est
une course à la vitesse où le plus agile est sûr de
décrocher la timbale. Pour y arriver, l'Italie a
établi, depuis longtemps déjà, le régime de la
petite vitesse accélérée, qui coûte beaucoup

moins cher que la grande vitesse, malgré que le
délai d'envoi s'en rapproche beaucoup. La Belgique et l'Allemagne ont adopté le même système;
il en résulte que les denrées sont transportées, en
Allemagne, à 25 pour 100 meilleur marché que
chez nous, avec une vitesse une fois et quart plus
grande. Quant aux tarifs de l'Italie, ils sont encore,
malgré les réductions de tarifs accordées par nos
compagnies de chemins de fer dans ces dernières
années, inférieurs aux nôtres de 50 pour 100;
il ne faut pas chercher ailleurs l'explication des
progrès énormes de l'exportation de produits
agricoles italiens qui a augmenté en moins de
20 ans de 50 pour 100. Aujourd'hui, c'est l'Italie
et même la Sicile qui approvisionnent, en grande
partie, les marchés autrichiens et allemands.

On voit combien nous avons encore de chemin
à faire pour rejoindre nos principaux concurrents
et lutter contre eux à armes égales. Nous y par-
viendrons certainement si chacun veut faire sa part
d'efforts; il faut que nos compagnies de chemins
de fer se décident à entrer résolument, pour
les produits de grande vente, dans la voie des
transports à bon marché, où elles retrouveront
aisément par le développement de leur trafic, la
compensation de leurs sacrifices[1]; il faut que nos

1. Nous devons reconnaître que la question ne les laisse pas
indifférentes et que chaque année nous apporte un progrès nouveau. Ainsi, les Compagnies du Nord, de l'Ouest et de la Cein-

agriculteurs, de leur côté, sortent de leur inertie et organisent de vastes et puissantes associations capables de discuter avec les compagnies et de leur offrir des avantages appréciables. On pourrait, par leur intermédiaire, arriver à des groupements de marchandises, à des simplifications d'emballage, à des régularités d'expédition, qui diminueraient de beaucoup les charges des compagnies et leur faciliteraient les concessions.

On arrive ainsi à cette conclusion qui est au bout de tout, quand on étudie sous toutes ces faces le problème agricole, c'est qu'il n'est rien de plus urgent à l'heure présente que de réveiller partout l'esprit d'association et de le faire pénétrer dans les profondeurs du monde agricole. Nous avons encore beaucoup à faire pour y arriver, mais le moment est venu de redoubler d'efforts. La petite culture surtout a besoin d'être convertie et entraînée ; il faut lui faire comprendre qu'elle tient son émancipation entre ses mains et qu'il dépend d'elle, de son union et de son entente,

ture entrant dans la voie où les avaient déjà précédées les Compagnies de Paris-Lyon et d'Orléans, viennent de soumettre à l'homologation un nouveau tarif spécial commun d'exportation pour le transport accéléré des légumes, qui sera une grande satisfaction donnée à nos agriculteurs de Bretagne et de Normandie. Les bases des barêmes par kilomètre, pour 1000 kilogrammes, sont les suivantes : jusqu'à 100 kilomètres, 0 fr. 135 ; pour chaque kilomètre en excédent de 100 à 200 kilomètres, 0 fr. 135 ; de 200 à 250 kilomètres, 0 fr. 120 ; de 250 à 300 kilomètres, 0 fr. 085 ; de 300 à 500 kilomètres, 0 fr. 035 ; de 500 kilomètres, 0 fr. 02.

d'obtenir, pour ses produits, des prix largement rémunérateurs.

Ce qui fait qu'elle n'aperçoit pas cette vérité dans toute sa force, ce qui constitue encore aujourd'hui la grande différence entre l'agriculteur et l'industriel, c'est que la masse des industriels a son éducation faite, tandis que celle de la masse des agriculteurs est encore à faire. Il n'est pas d'industriel qui ne possède les notions essentielles de sa profession et qui ne rivalise d'intelligence avec ses concurrents, tandis qu'un grand nombre d'agriculteurs qui vivent sur la routine des siècles, se montrent encore réfractaires au crédit, à l'association, à la pratique des nouvelles méthodes de culture, et aiment mieux végéter dans leur traditionnelle ignorance que de gagner de l'argent en se livrant au vent du progrès.

VIII

Rien de plus facile à changer, du reste, que cet état d'esprit; c'est la mission de notre enseignement agricole qui, il faut bien le dire, fait aujourd'hui les plus louables efforts pour pénétrer partout et qui convertit tous les jours de nouvelles couches de jeunes agriculteurs. Nos professeurs départementaux rivalisent de zèle pour répandre autour d'eux la bonne semence et apprendre aux

populations rurales le parti qu'elles pourraient
tirer des lois qu'on fait pour elles et qu'elles
ignorent trop souvent.

Au point de vue technique et scientifique, cet
enseignement est excellent, mais nous estimons
qu'il laisse encore beaucoup à désirer pour le but
à atteindre, qui n'est pas seulement d'instruire
nos agriculteurs, mais aussi de les retenir à la
terre et d'amener à l'agriculture de nouvelles re-
crues. Pour y parvenir, il faudrait un autre genre
d'enseignement que nous appellerons esthétique
et dont l'objet principal devrait être de célébrer
et de faire ressortir les beautés de la nature et les
avantages de la vie champêtre.

C'est à nos instituteurs surtout que revient cet
apostolat, puisque ce sont eux qui sont appelés
les premiers à modeler l'âme de l'enfant. Il n'est
pas nécessaire pour cela qu'ils soient tous des
poètes; on peut inspirer à l'enfant l'amour de la
nature sans faire du lyrisme. La moindre leçon
d'histoire naturelle ou de chimie, bien donnée,
vaut un poème; l'examen des grands phénomènes
de la nature et des merveilleuses manifestations
de la vie animale et végétale élève l'âme et atta-
che l'homme à la vie des champs en agrandissant
son horizon.

Combien il leur serait facile, du reste, d'élever
et d'étendre leur sujet s'ils le voulaient. L'agriculture touche à tout et elle embrasse tout; elle

n'est pas seulement une science qui résume toutes les autres, elle est surtout un art, puisqu'elle consiste à appliquer, avec intelligence et discernement, les vérités scientifiques, ce qui est le propre de l'art.

C'est ce que M. Louis Passy, secrétaire perpétuel de la Société Nationale d'Agriculture de France, faisait ressortir excellemment dans sa récente publication l'*Agriculture devant la Science*, quand il disait :

« Tout porte à croire que l'agriculture ne sera jamais une science véritable. Comme la médecine qui traite le corps humain, avec le secours de toutes les sciences naturelles, l'agriculture traite le corps de la nature, avec le secours de toutes les sciences naturelles et sociales, et pourtant jamais le médecin et l'agriculteur ne sont assurés d'une solution parfaitement certaine. Des règles de conduite bien appliquées peuvent donner des solutions très probables; mais ces solutions, qui dépendent du talent de l'homme et du hasard des circonstances, ne sont pas fixées d'avance avec une rigueur absolue, comme les solutions de l'arithmétique et de la physique. »

« Quand l'homme travaillait au hasard et machinalement, l'agriculture était un métier; mais elle est devenue un art, depuis que l'homme travaille avec réflexion, depuis qu'il sait tirer de la terre et de la nature les aliments qui lui sont nécessaires, par les meilleurs procédés et dans les meilleures conditions de profit. »

« La nature est un infatigable instrument de production qui travaille solitairement, suivant les lois mystérieuses de ses transformations; mais elle ne peut rien seule et par elle-même. Elle ne peut que s'offrir et se livrer généreusement à celui qui, par l'intelligence, est le maître de tout. L'homme est le maître de tout, mais lui aussi ne peut rien par lui seul, et pour lui seul, sans la nature. L'homme est condamné, dans son propre intérêt, à travailler sur la matière pour les autres, et sa destinée, par un effort en apparence isolé, est de créer, entre la nature et les sociétés humaines, une association providentielle de services et de secours mutuels. »

Il n'est pas possible d'exprimer dans un langage plus élevé, une pensée plus juste, ni de mettre l'agriculture à une place plus haute et plus digne d'elle. Si nous avions un conseil à donner à nos instituteurs et à nos professeurs d'agriculture, ce serait de lire ce travail en entier, de s'en inspirer et de le transposer pour le mettre à la portée des plus modestes intelligences. Il contient toute la synthèse de l'agriculture et forme comme une série de têtes de chapitres qui pourraient servir de préface à chaque partie de leur enseignement.

Il y aurait, d'ailleurs, bien des moyens de vivi-

fier l'enseignement de nos instituteurs et de le
rendre à la fois pratique et attrayant : un des
meilleurs, des plus efficaces, serait certainement
de mettre à leur disposition, aussi près que possible de l'école, un jardin pouvant leur servir de
champ de démonstration et où ils auraient le loi-
sir de se promener avec leurs élèves en leur donnant des leçons de choses.

Il est aussi un genre d'enseignement qui pourrait beaucoup pour le relèvement de la profession
agricole et qui est, malheureusement, trop négligé
en France, nous voulons parler de l'enseignement spécial des filles; nous entendons surtout
par là, l'enseignement donné à la sortie de
l'école primaire, à l'âge où la jeune fille commence à réfléchir et à se former. Si on l'aban-
donne à elle-même, à ce moment, elle sera vite
rebutée par les rudes travaux de la ferme et tour-
nera d'instinct ses regards vers les séductions de
la ville. C'est l'instant psychologique où il faudrait lui donner le goût de la vie agricole en
l'anoblissant à ses yeux.

On a créé pour cela, dans certains pays, des
écoles, dites écoles ménagères, où l'on apprend
aux jeunes filles comment une bonne maîtresse de
maison doit diriger une exploitation. Là, on leur
fait sentir l'importance et la beauté de leur rôle,
l'intérêt de l'existence qui les attend, et on les
arrache ainsi à la tentation de devenir des demoi

selles ou des femmes de fonctionnaires. Du même
coup, on retient au village une foule de jeunes
gens qui ne quittent bien souvent la terre que
parce qu'ils ne trouvent pas de femmes pour
partager leur existence, et diriger leur maison.
De tous les moyens de ramener ou de retenir
à la terre les nouvelles générations, il en est peu
d'aussi puissant que celui-là.

Dans la plupart des pays étrangers on a compris l'importance de ce genre d'enseignement et
on l'a organisé de la façon la plus pratique, la plus
intelligente[1]. En Allemagne, il existe dans presque
toutes les provinces des écoles pour l'enseignement des travaux de ménage et de l'agriculture.
Ce sont des fermes-écoles ou des écoles ménagères, qui comportent une exploitation assez considérable et où l'on apprend tout ce qui touche au
rôle de la femme en agriculture.

L'Angleterre a des écoles de femmes pour
l'industrie laitière et pour l'horticulture. Une
ligue internationale vient même de se former qui
a pour but d'engager des femmes soit comme
patrons, employées ou amateurs dans l'agriculture, l'aviculture, l'apiculture, l'horticulture et
de relever le travail des femmes employées dans
ces branches de production.

---

1. Voir le très remarquable rapport de M. Dabat, directeur
au ministère de l'Agriculture, sur l'Enseignement agricole à
l'Exposition de 1900.

En Autriche, il existe des écoles ménagères dont l'objet est de fournir aux jeunes filles ayant terminé leurs études primaires les moyens d'acquérir les connaissances nécessaires pour la gestion d'un ménage rural.

Les États-Unis ont fondé récemment à New-York un institut agricole pour les jeunes filles où elles reçoivent l'instruction rurale, « sans que, d'ailleurs, l'enseignement des arts d'agrément, destiné à en faire d'agréables compagnes, soit négligé. » Voilà une formule à retenir et qui serait tout à fait au goût de nos jeunes françaises.

Au Canada, une école féminine d'agriculture était créée dès 1892 et annexée à l'école ménagère de Roberval. Les élèves y apprennent les soins de la basse-cour, la fabrication du beurre et du fromage et la comptabilité agricole. La ferme modèle où cette école est installée a 40 hectares et les femmes y travaillent exclusivement.

Mais de tous les pays qui ont organisé un enseignement spécial pour les femmes, il n'en est pas qui ait fait davantage que la Belgique et qui ait poussé plus loin leur éducation.

Le gouvernement a commencé par installer dans tous les centres agricoles des cours d'économie domestique en quinze leçons pour les fermières. Il y a ajouté des écoles volantes de laiterie, qui fonctionnent d'une façon temporaire et nomade, de trois mois en trois mois et qui portent l'enseignement dans les villages aux jeunes filles qui ne peuvent suivre les écoles ménagères. Quant à l'enseignement ménager proprement dit, qui est de fondation récente, il est organisé dans trois catégories d'institutions : 1° les sections ménagères agricoles qui ont pour but d'inculquer aux jeunes filles l'amour de la profession agricole en même temps qu'on leur donne des notions d'agriculture, de laiterie, d'économie domestique et de comptabilité ; 2° les écoles ménagères agricoles dont l'objet est de donner une éducation professionnelle solide aux jeunes filles qui se destinent à l'agriculture. Les cours durent un ou deux ans ; la théorie est étudiée dix heures et la pratique vingt heures par semaine ; 3° les écoles supérieures d'agriculture où l'on donne une instruction supérieure aux jeunes filles appelées à gérer de grandes exploitations ou qui se destinent à l'enseignement agricole ménager. Les cours comprennent l'étude approfondie des branches enseignées dans les écoles ménagères agricoles, de l'agronomie, de l'hygiène des constructions rurales, de la bactériologie.

Le succès de l'enseignement ménager en Belgique a été complet. La première école créée à Virton date de 1891 ; elle a si complètement réussi que neuf autres établissements du même genre lui ont succédé. A la fin de 1898 on comptait

245 écoles fréquentées par 9000 élèves. Toutes ces écoles sont annexées à des exploitations particulières que l'État se borne à subventionner. Le rapporteur sur les manifestations de l'enseignement agricole à l'Exposition de 1900, M. le baron de la Bouillerie, a donné la raison profonde qui a déterminé le gouvernement Belge à placer, en quelque sorte, au premier plan l'enseignement des femmes: « En Belgique, a-t-il dit, on a compris que la désertion des campagnes est causée surtout par le défaut des femmes de ménage rurales et l'on a cherché à remédier à cette pénurie. »

Quand suivrons-nous l'exemple de la Belgique au lieu de nous contenter d'un embryon d'enseignement féminin absolument insuffisant[1]? Quand nous déciderons-nous à créer un véritable enseignement agricole des femmes, capable de réveiller en elles le goût de la vie rurale et de ramener cette masse de jeunes filles qui bien souvent quittent à regret leur village et ne demanderaient pas mieux que de se consacrer à l'agriculture, si on ne les reléguait pas dans les parties les plus

---

1. Notre enseignement agricole féminin se réduit à trois écoles. Deux de ces écoles, celles de Coetlogon près Rennes et de Kerliver (Finistère), sont des écoles pratiques de laiterie. Celle de Coetlogon, qui date de 20 ans, est un modèle du genre; c'est là qu'ont été formées les élèves Belges qui ont été les premières directrices des Écoles de laiterie de Belgique. En dehors de ces écoles d'un caractère spécial, il n'existe qu'une seule École ménagère, celle du Monastier (Haute-Loire), créée en 1902, et qui compte une quinzaine d'élèves seulement.

ingrates et les moins faites pour elles de l'exploitation agricole? Il serait si facile de les utiliser en faisant d'elles de véritables surveillantes et des directrices, au lieu de les ravaler au rang de servantes et de femmes de peine. Le jour où elles feront partie intégrante de l'état-major de la ferme et où elles auront le sentiment de leur dignité et de leur utilité, elles seront plus fières d'être fermières que couturières, modistes ou femmes de fonctionnaires. De toutes les réformes qu'on peut entreprendre dans l'intérêt de l'agriculture, si l'on veut arrêter la désertion des campagnes, il n'en est pas de plus pressante que celle de l'enseignement des femmes et c'est sur ce point qu'il est temps que les Sociétés Agricoles et le gouvernement portent toute leur attention, tous leurs efforts

CHAPITRE VI

ASSISTANCE ET PRÉVOYANCE

I

Arrivons maintenant, après cet examen des moyens directs à employer pour relever la profession agricole et la rendre lucrative, à cet ensemble de moyens que nous appellerons indirects et qui exercent une influence si considérable sur la mentalité agricole.

Il est d'abord une cause de découragement tout à fait déprimante pour l'agriculteur qu'il faut corriger, c'est le risque professionnel qui est malheureusement plus grand pour lui que pour l'industriel. Celui-ci, quand il est prudent, peut l'éviter presque complètement; il n'en est pas de

même du pauvre agriculteur qui est à la merci
des saisons, des accidents de température, de la
gelée, de la grêle, des épizooties.

Cette épée de Damoclès, toujours suspendue
sur sa tête, est un cauchemar perpétuel qui empoi-
sonne sa vie, et c'est bien souvent pour y échapper qu'il s'évade de sa prison et cherche d'instinct
les professions tranquilles où l'on est sûr du lendemain; ainsi s'explique en partie le goût, de
plus en plus prononcé, des jeunes agriculteurs
pour les fonctions publiques, même les plus
modestes. Le fils a entendu le père se lamenter
à la suite d'une gelée qui a rasé de superbes récoltes, d'un coup de grêle qui a tout saccagé,
d'une maladie qui a détruit son bétail, toute sa
fortune, et il s'est dit : « Je ne veux pas de cette
vie de tourment perpétuel ».

Tout cela est tristement vrai; mais ici encore,
le remède a été placé à côté du mal, et d'immenses
progrès ont été réalisés qui permettent aujour-
d'hui à l'agriculteur, quand il veut être prévoyant,
de conjurer ou tout au moins d'atténuer les conséquences les plus redoutables pour lui des hasards de sa profession. Et d'abord, il dépend
absolument de lui, moyennant une minime redevance, de conserver intact son capital-bétail. Les
assurances mutuelles contre la mortalité du bétail
que le gouvernement subventionne si largement
sont à la portée des plus modestes éleveurs, des

plus pauvres; ils sont donc de ce côté déjà en pleine sécurité.

Les assurances contre la grêle sont d'une organisation plus difficile et laissent encore beaucoup à désirer, parce qu'il y a trop de sociétés d'assurances et que les assurés sont trop peu nombreux pour chacune, ce qui augmente considérablement le risque et par conséquent la prime. Le risque grêle étant le plus souvent local et rare, ne peut être couvert que par une assurance étendant très loin son rayon protecteur; c'est un nouveau progrès à réaliser qui ne se fera pas attendre longtemps.

Rien n'empêcherait non plus d'organiser, bien que ce soit plus délicat, des assurances contre les risques de la gelée, et il ne paraît guère douteux qu'on en viendra là un jour; pourquoi les agriculteurs d'une région un peu étendue ne constitueraient-ils pas une caisse d'assistance mutuelle destinée à indemniser, au moins en partie, ceux d'entre eux qui, dans une année calamiteuse, verraient toute leur récolte détruite par la gelée!

Ces quelques considérations suffisent à établir qu'en agriculture aussi bien qu'en industrie on peut, par des moyens différents, obtenir la sécurité de l'avenir et le repos d'esprit dans le travail. La mutualité est en état de suffire à tout, et quand elle sera bien comprise du genre humain, elle résoudra tous les problèmes.

Mais, si l'on veut vraiment attirer et ramener à la terre ceux qui l'ont quittée, et surtout l'ouvrier agricole et le petit propriétaire, il y a autre chose à faire encore, et il faut aller plus loin dans la voie de l'assimilation agricole et industrielle. Il est indispensable de mettre à la disposition du rural les institutions d'assistance et de prévoyance qui, jusqu'à ce jour, ont été le privilège exclusif des villes.

Il faut bien reconnaître que, jusqu'à ces derniers temps où l'on a commencé à réagir contre cette injustice criante, les campagnes avaient été, sous ce rapport, complètement abandonnées et sacrifiées; tout pour les villes, semble avoir été pendant longtemps le mot d'ordre général, le programme de tous les gouvernements et de tous les parlements. La raison en est simple. C'est dans les villes qu'est la clientèle électorale la plus remuante, la plus agissante, celle qui parle le plus haut et qui sait le mieux se faire obéir; elle est admirablement servie par une presse encore plus ardente qu'elle, qui a besoin de flatter ses passions pour maintenir et accroître son influence, et par d'innombrables politiciens qui se livrent à une véritable surenchère de promesses qu'il faut bien tenir en partie, un jour ou l'autre.

Le gouvernement, qui a peur d'eux, et qui est obligé de les ménager, ne songe qu'à leur donner satisfaction et il ne se préoccupe guère de ces paysans silencieux, si résignés à leur sort et dont les trésors de patience sont inépuisables.

Voilà pourquoi, à la ville, tout se réunit pour venir au secours de toutes les misères, de toutes les calamités, de tous les accidents, pendant qu'à la campagne, le malheureux qui lutte est abandonné à lui-même, et ne voit dans sa détresse que le vide autour de lui.

A l'ouvrier malade ou blessé s'ouvrent partout des hôpitaux où il reçoit les soins des plus habiles médecins, des meilleurs chirurgiens; s'il tombe dans la misère ou si ses charges de famille dépassent ses ressources, il a le bureau de bienfaisance, l'Assistance publique et les innombrables sociétés qui volent au secours de l'infortune. Est-il réduit, par l'âge ou les infirmités, à l'impuissance de travailler et de gagner sa vie, il a la ressource des asiles pour les vieillards et des maisons de retraite?

Les ouvriers de la campagne savent aujourd'hui ces choses, et c'est parce qu'ils les savent qu'ils caressent dans leurs rêves l'Éden des villes, où l'on est toujours certain de trouver une main bienfaisante tendue à la souffrance et à la pauvreté, et où l'on peut s'endormir tranquille en se disant : « Quoi qu'il m'arrive, il se trouvera toujours quelqu'un pour venir à mon secours. »

Voilà le problème qu'il faut à tout prix aborder

et résoudre si l'on veut sérieusement retenir ou ramener à la terre le prolétariat des campagnes, et nous entendons par là, non seulement les simples ouvriers et les petits fermiers, mais même les petits propriétaires. Nous vivons dans un temps où chacun cherche, avant tout, même avant le bien-être, la sécurité, la tranquillité d'esprit; ce sentiment s'accentue d'aut nt plus que la lutte pour la vie est devenue plus âpre, plus pénible, plus livrée aux hasards et à l'incertitude du lendemain.

Le jour où il y aura, au fond de nos campagnes, une organisation assurant aux malades et aux pauvres, aux infirmes et aux vieillards les mêmes avantages qu'à la ville, le procès de la terre sera gagné, et c'est la campagne qui reprendra le pas sur son orgueilleuse rivale; l'attraction sera irrésistible parce que la comparaison sera alors en faveur du rural, de l'homme des champs, libre sous le soleil, aspirant l'air à pleins poumons et jouissant en plus de la tranquillité d'esprit d'un homme qui sait que désormais, si le malheur vient à frapper à sa porte, il trouvera, sous sa main, de quoi le conjurer.

Ceci dit, constatons maintenant, pour être impartiaux et justes, que, depuis une dizaine d'années, les pouvoirs publics et le parlement semblent avoir mieux compris leurs devoirs vis-à-vis des agriculteurs, ou plutôt que les agriculteurs semblent enfin avoir mieux compris leur force. Ils ont fait entendre leur voix, pour réclamer leur place au soleil et il a bien fallu l'entendre.

Les conquêtes nouvelles qu'ils ont ainsi obtenues ne sont pas à dédaigner, et déjà on en sent les bienfaits dans les derniers villages. La loi sur l'assistance médicale a assuré au rural comme au citadin le secours gratuit du médecin; celle sur les enfants assistés a donné, aux plus pauvres, à ceux qui ne peuvent pas soigner et surveiller leurs enfants, des moyens d'assistance qui leur manquaient.

C'est là un bon commencement, mais ce n'est encore qu'un commencement : à quand les hôpitaux, les dispensaires, les maisons de retraite? Qu'on ne dise pas que ces choses sont impossibles, qu'on ne peut pas faire des hôpitaux dans chaque village de France. Sans doute; mais rien n'empêche de créer des hospices cantonaux ou des hospices réunissant plusieurs cantons, à une condition, cependant, c'est qu'on n'ait pas la prétention de faire grand et d'élever des monuments à la gloire des architectes. Une maison, une ferme, peut être aisément aménagée en hospice et en maison de retraite[1].

1. Dans le canton de Corcieux, que j'ai l'honneur de représenter au Conseil général des Vosges, un simple paysan, qui avait l'âme d'un apôtre, s'est avisé à lui tout seul de faire ce

II

Mais l'assistance n'est pas tout et il est dési‑
rable qu'avec le temps elle devienne de moins
en moins nécessaire ; pour la rendre inutile il
n'est qu'un moyen, c'est la prévoyance, cette pro‑
vidence du pauvre qui l'invite à mettre de côté
pendant les bons jours, les jours de santé et de
plein travail, une petite réserve en vue des
mauvais jours et de la vieillesse. La cotisation à
verser peut être infinitésimale, si on a soin de la

que ni l'État, ni le département, ni le canton n'avaient pu entre‑
prendre. Il a transformé sa modeste ferme en un asile-hospice
d'infirmes et de vieillards et il s'en est allé le long des routes
ramassant tous les miséreux abandonnés. Aidé par sa sœur,
transformée en infirmière, il a, pendant longtemps, suffi à cette
tâche rebutante et ingrate. Comme il n'était pas riche, il était
obligé de demander un peu de travail à ses pensionnaires qui,
chacun, selon leurs forces et leurs aptitudes, concouraient à l'ex‑
ploitation de la ferme, ou exerçaient de petits métiers, réduisant
ainsi d'autant leurs dépenses d'entretien. Tant d'abnégation finit
par être récompensée ; le brave Nicole, c'est le nom de ce modeste
héros de la charité, obtint le prix Montyon qu'il avait si bien
mérité ; inutile de dire qu'il employa l'argent de son prix à amé‑
liorer et à développer son petit hospice rural. Aujourd'hui la
commune de Corcieux et certaines communes voisines lui paient
une contribution pour l'entretien de leurs infirmes ; l'État lui‑
même lui a apporté son témoignage de reconnaissance sous la
forme d'une subvention du pari mutuel. L'hospice Nicole est
ainsi devenu le parfait modèle d'un petit hospice rural, comme
il serait facile d'en installer partout presque pour rien. La
démonstration est donc faite ; quand on le voudra, rien ne sera
plus facile que de procurer aux travailleurs de nos campagnes
le refuge hospitalier auquel ils ont autant de droit que les ouvriers
des villes.

commencer de bonne heure et de continuer avec courage et persévérance jusqu'au bout. Un petit effort suffit pour assurer au vieux travailleur ou à l'infirme les moyens de vivre sans tendre la main à personne et de garantir sa famille contre les risques de mort.

Malheureusement, ici encore nous trouvons le même écart, la même inégalité entre la campagne et la ville. Sans doute la loi n'est pas seule responsable de cette inégalité; la caisse nationale des retraites pour la vieillesse est ouverte à tout le monde, aux travailleurs des champs comme aux ouvriers de l'usine. Les uns et les autres ne s'en servent guère, malgré ses incontestables avantages, parce que le Français est de sa nature imprévoyant et que son éducation économique est encore à faire. Pour qu'il se décide à sacrifier un peu du présent à la sécurité de l'avenir, il faut qu'on le prenne par la main et qu'on le traîne. De lui-même il est incapable de se décider, mais il suit assez volontiers le courant.

C'est de l'industrie où les patrons philanthropes abondent, quoi qu'on en dise, que la première impulsion est partie; les grands établissements ont organisé pour leurs ouvriers des caisses de retraites, dont ils ont fait tous les frais ou qu'ils ont dotés largement, ne demandant aux ouvriers qu'un sacrifice insignifiant qui valait plutôt comme témoignage d'esprit d'épargne que comme recette.

Mais le véritable, le bon et fécond mouvement
est venu des sociétés de secours mutuels qui depuis la loi si bienfaisante de 1898, étendent de
plus en plus leur champ d'action du côté des retraites et qui ont fait de si immenses progrès dans
ces dernières années. Grâce à elles, on touche au
but, si le législateur a le bon esprit de ne pas
confisquer ce généreux effort, mais seulement de
le soutenir et de l'encourager, et s'il ne brise pas
cet élan merveilleux en substituant la main lourde
de l'Etat à la souple énergie de l'initiative individuelle.

Le mouvement est parti des villes où il trouvait
un terrain mieux préparé, de plus grandes facilités d'application et des apôtres plus nombreux, mais rien ne s'oppose désormais à ce
qu'il pénètre dans les campagnes où il est appelé
à faire plus de bien encore; on est peu *donnant*
à la campagne et c'est là surtout que la mutualité est destinée à suppléer à l'insuffisance notoire
de l'assistance privée.

Cette nécessité est aujourd'hui comprise par
nos sociétés d'agriculture, qui s'efforcent, un peu
partout, de créer des sociétés de secours mutuels
comme à la ville. Ce n'est que le premier pas,
mais c'est déjà un immense progrès; il permettra
d'assurer à l'ouvrier agricole et même à l'ouvrier
propriétaire les mêmes avantages, en cas de maladie ou de chômage, qu'aux ouvriers de la ville.

De la société de secours mutuels on arrivera forcément à la caisse de retraite et on voit déjà poindre de ce côté un commencement de floraison qui donne les plus belles espérances pour l'avenir. Certains grands syndicats ont jeté les bases d'une organisation qui est en plein fonctionnement et dont les premiers résultats sont des plus satisfaisants : la voie avait été ouverte par la société mutuelle des jardiniers de la Seine, fondée il y a plus de cinquante ans, mais restée unique dans son genre. Il faut aller jusqu'en 1896 pour trouver une nouvelle caisse de retraites mutuelle créée par le syndicat de Castelnaudary, sur l'initiative de M. de Laurens-Castelet. C'est seulement à partir de 1898 et, à la suite de la loi sur les sociétés de secours mutuels, que le mouvement s'accentue par la création, dans la Charente-Inférieure, de deux sociétés de retraites agricoles s'étendant sur tout le département; il faut signaler aussi la caisse mutuelle agricole de Château-Thierry fondée par un agronome très distingué, M. Carré.

Le noyau le plus important de caisses mutuelles de retraites relève d'un des groupements agricoles les plus considérables de France, de celui qui marche à la tête de tous les progrès, grâce à l'esprit d'initiative et au dévouement infatigable de son président, M. Emile Duport, nous voulons parler de l'union des syndicats du

Sud-Est. Le compte rendu de son assemblée générale en 1904 permet de constater qu'elle
groupe actuellement 29 caisses approuvées de
secours mutuels, maladies et retraites qui rendent les plus grands services[1].

Sous toutes ces formes se révèle de plus en
plus l'esprit de prévoyance qui commence à se
réveiller dans nos campagnes; il deviendra bientôt comme le complément de cet esprit d'épargne
qui est la caractéristique du paysan français.
On ne peut pas côtoyer de plus près l'industrie
en lui prenant tous ses procédés et de tout
cela nous croyons pouvoir conclure hardiment
qu'avant peu, si on l'y aide, l'agriculture sera
à la hauteur de sa grande sœur : les campagnes
jouiront enfin au même titre et au même degré
que les villes des bienfaits de l'assistance et de
la prévoyance.

Quand l'évolution sera complète, la transformation intellectuelle et morale de l'agriculteur
français se fera toute seule et l'envie ne lui
prendra plus de quitter la terre ; ceux-là mêmes
qui l'auront abandonnée dans un accès de mauvaise humeur et qui auront mangé, comme on
dit, la vache enragée des villes, saisiront toutes

1. L'excellent *Annuaire de l'Agriculture et des Associations
agricoles*, de M. Silvestre (chez Amat), enregistre, à la fin de
l'année 1903, vingt-quatre sociétés de retraites agricoles réparties
entre 10 départements

les occasions de revenir à leur berceau d'origine.

Car, ce serait une erreur de croire que le paysan est dégoûté de son métier uniquement parce
qu'il est écrasé de travail ou affamé de bien-être,
parce qu'il trouve la vie agricole trop dure. Il
aime trop la terre pour cela et le travail qu'elle
lui demande, si pénible qu'il soit, ne le rebute
pas, parce qu'il est varié et intéressant, parce que
c'est un travail d'homme libre et qu'il se pas-
sionne pour sa culture comme l'artiste pour son
tableau. S'il n'y avait pas au fond de l'âme rurale
cet attachement invincible à la terre, il ne resterait plus personne dans nos campagnes pour cultiver le sol.

Le paysan, malgré la puissance de cette attraction atavique, finit cependant par céder au découragement, parce qu'il n'est pas suffisamment
récompensé de son travail, parce que les mauvaises années sont plus fréquentes que les bonnes
et surtout parce qu'il n'est jamais sûr de son
lendemain. Sous la pression de ce sentiment
d'insécurité qui le torture sans cesse, il se jette
avidement sur toutes les professions où il trouve
des garanties pour son avenir et le pain de ses
derniers jours; c'est pour cette raison qu'il ne
voit rien de plus beau que d'être facteur, em-
ployé de chemin de fer, douanier, garde-forestier
ou même balayeur. Ce n'est pas la fonction ni

même le traitement qui le séduisent, c'est la retraite, et il sacrifie tout pour décrocher cette timbale merveilleuse qui suffit à son bonheur.

Quand on pourra lui dire : il dépend de toi
maintenant, avec un peu de prudence et de
prévoyance, de jouir des mêmes avantages que
les gens des villes sans quitter ta profession ;
tu as le choix de travailler jusqu'au bout pour
augmenter ta petite fortune, ou de te reposer
avec une pension assurée quand la vieillesse
frappera à ta porte, on peut être certain qu'il
n'aura plus la tentation d'abandonner sa vie
d'indépendance et de liberté pour se mettre le
collier au cou,

III

Il y aurait un moyen plus puissant encore que
les retraites de river à jamais l'agriculteur à la
terre, un moyen dont l'emploi serait d'un effet
tellement puissant qu'à lui seul il tiendrait lieu
de tous les autres, parce qu'il aurait l'avantage
de donner au travailleur, le maximum de sécurité
et le maximum de satisfaction intime ; il s'adres-
serait à la fois à son sentiment, à son intérêt, à
son amour de la terre, si profond et si vivace, et
à son désir bien naturel de gagner sa vie en
travaillant au lieu de se ruiner.

Ce moyen devrait consister à mettre de plus

en plus la terre à sa portée en lui en rendant
l'accès aussi facile que possible. Arthur Young
a dit ce mot profond : « Donnez à un homme la
sûre possession d'un rocher, il le transformera
en jardin. » Rien n'est plus vrai; chez l'homme
qui a une terre à lui, bien à lui, s'éveille un
sentiment nouveau et d'une force extraordinaire,
qui ressemble un peu à l'amour du père pour
son enfant, et qui prend par les entrailles celui
qui l'a une fois éprouvé; il lui semble que cette
terre qu'il laboure et où il met sa sueur, il la crée
tous les jours et ses récoltes lui apparaissent
comme un enfantement perpétuel. Quand il a
une fois embrassé l'*alma mater*, il ne veut plus
la quitter.

Il ne s'éloigne d'elle que quand on la lui prend;
alors il gémit, il se plaint de la fatalité qui le
poursuit et la fatalité, c'est presque toujours un
huissier qui l'expulse, parce qu'il s'est endetté
dans une mauvaise année ou qu'il a imprudemment
hypothéqué son bien[1].

C'est comme cela qu'est en train de finir, si on
ne vient pas à son secours, une race agricole
admirable de courage et de ténacité, celle du
petit journalier propriétaire, de cet ouvrier infa-

----

1. Les ventes d'immeubles sur saisie s'élevaient seulement en
1865 à 5538; en 1872 elles étaient déjà arrivées à 9305. En 1889
nous les trouvons à 14298; enfin en 1896, il a été transcrit aux
bureaux des hypothèques 20390 procès-verbaux de saisie immobilière.

tigable qui loue ses bras au riche propriétaire
ou au grand fermier et qui trouve en même temps
le moyen de faire marcher une petite culture,
grâce à laquelle il peut nourrir et entretenir sa
famille. Il a subi plus que les autres les conséquences de la crise agricole, qui a diminué son
travail d'abord et qui ne lui a plus permis de
vendre à un taux rémunérateur le petit excédent
de production qu'il ne consommait pas. Obligé de
s'endetter, il a lutté tant qu'il a pu, mais il s'est
lassé et a pris sa vie en dégoût quand il a vu le
papier timbré pleuvoir chez lui; il a alors tout
vendu et il est parti pour la ville la mort dans
l'âme, car il savait d'avance que bien souvent il
n'y trouverait que la misère des sans-travail.

Les conséquences de cette débandade générale
de l'ouvrier propriétaire ressortent avec une triste
éloquence des statistiques officielles de la population agricole; elles nous apprennent que le
nombre des journaliers propriétaires qui était de
1 134 000 en 1862 était tombé à 727 000 en 1882,
ce qui constitue une différence de 407 000 [1].

Voilà la situation qu'il faut changer à tout prix,
le mal qu'il faut enrayer, si l'on veut rendre à
l'agriculture française sa splendeur passée et diriger vers elle toutes ces forces perdues qui vont
s'épuiser misérablément sur le pavé de nos

1. En 1892 il n'y en avait plus que 589 000, c'est-à-dire 138 000
de moins qu'en 1882.

grandes villes. Le remède existe heureusement et
il est depuis longtemps trouvé et appliqué. Il
nous est venu d'Amérique sous le nom de « homestead » ou bien de famille, sorte d'apanage
démocratique, constitué au profit des plus pauvres, des plus humbles agriculteurs pour leur
donner un foyer tranquille et à l'abri des tem-
pêtes de la vie.

On sait en quoi il consiste ; la maison et la terre
constituées à l'état de bien de famille forment en
principe, entre les mains du possédant, un patri-
moine insaisissable qui ne peut tomber sous la
main des créanciers que dans des circonstances
exceptionnelles et prévues par la loi, parce qu'il
est considéré comme l'asile inviolable de la
famille. Le père de famille est donc sûr qu'on ne
le dépossédera pas du fruit de son travail et que,
quoi qu'il arrive, il pourra mourir au milieu de ses
enfants sur la terre qu'il a arrosée de ses sueurs.

Le « homestead » a revêtu des formes très
différentes selon les pays où il a été adopté ; aux
États-Unis son mécanisme est très simple : tout
chef de famille peut, au moyen d'une simple
déclaration, placer son domaine sous ce régime
privilégié. Cela fait, le propriétaire lui-même ne
peut plus l'aliéner ni l'hypothéquer qu'avec le
consentement par écrit de sa femme. Le bien reste
indivis après la mort du propriétaire entre la
veuve et les enfants mineurs.

En Angleterre, pays de grands propriétaires, le gouvernement emploie d'autres moyens pour démocratiser la propriété foncière. Les Conseils de Comté, les municipalités achètent de la terre pour la revendre en détail, à des conditions de prix très avantageuses, aux ouvriers et aux petits cultivateurs.

Dans les États scandinaves, en Danemark, en Suisse, c'est l'État lui-même qui, par l'intermédiaire des sociétés de crédit, consent des prêts d'argent aux travailleurs des champs pour leur permettre de devenir propriétaires.

En Allemagne, le petit propriétaire peut, en faisant une déclaration, empêcher la division de sa propriété à son décès. Un seul de ses héritiers, désigné par lui, a le droit de la recueillir après lui, à charge de payer une soulte en argent à ses cohéritiers. Ce système connu sous le nom d'Auerbenrecht n'a qu'un avantage, c'est de prévenir le morcellement de la terre, mais il a aussi plus d'un inconvénient. Il chasse vers la ville les cohéritiers dépossédés et oblige souvent l'héritier lui-même à s'endetter ou à aliéner sa terre pour payer les soultes qui lui sont imposées[1].

1. Le parlement allemand vient du reste d'être saisi à nouveau de la question. Un projet de loi a été déposé tout récemment par le parti du Centre et par le parti Conservateur qui proposent la constitution du « heimstatte » (bien de famille).

Les dimensions du « heimstatte » ne doivent pas dépasser celles d'une ferme de paysan. La propriété ne peut être grevée de

En France, le système serait d'une application plus facile que partout ailleurs. Nous sommes un pays de petite culture, où la terre ne manque pas et où il est toujours facile de s'en procurer à bon marché. Sans doute elle n'est pas encore accessible à tout le monde; son acquisition suppose déjà des économies accumulées d'une certaine importance. qui font défaut à bien des ouvriers agricoles, mais rien ne serait plus facile, le jour où l'on comprendra la nécessité de cette grande opération foncière, que de venir au secours de ces déshérités de la fortune et de leur fournir leur première mise de fonds.

Pourquoi ne ferait-on pas pour nos ouvriers agricoles ce qu'on fait aujourd'hui si généreusement et dans de si vastes proportions pour les ouvriers des villes? De même qu'on a créé pour ceux-ci des sociétés financières destinées à leur procurer des habitations à bon marché, on pourrait fonder des associations analogues qui avanceraient aux ouvriers agricoles intelligents et laborieux les fonds nécessaires pour acheter une terre. Ce serait là une des formes les meilleures du crédit agricole et, nous en sommes convaincus, une des plus sûres, même pour les

---

dettes que pour la moitié de sa valeur et ces dettes ne peuvent être que des rentes ou annuités qui devront s'éteindre par amortissement. Il déclare le « heimstatte » indivisible et transmissible par héritage sur la tête d'un seul héritier.

capitalistes qui voudraient encourager ce genre
d'opérations.

L'expérience du crédit agricole mutuel et personnel, qui se poursuit depuis plus de dix ans,
est là pour prouver qu'il n'y a pas de débiteur
plus sérieux, plus consciencieux, plus loyal que
le débiteur agricole; s'il ne paie pas toujours
exactement à l'échéance, parce que ses rentrées
ne se font pas non plus à date fixe, il paie toujours; les non-valeurs de nos banques agricoles
sont insignifiantes. Voilà pourquoi nous considé-
rons cette réforme comme une des plus faciles en
même temps que des plus importantes de l'heure
présente, une de celles qui transformeraient le
plus heureusement notre industrie agricole.

Le problème est, du reste, posé depuis longtemps
en France et il est surprenant qu'il ne soit pas encore résolu. Le parlement est saisi à chaque légis-
lature de nombreuses propositions émanant de
l'initiative parlementaire. Après celle de M. le
professeur Léveillé, déposée dès 1895, la plus
importante, la plus étudiée est certainement celle
de M. l'abbé Lemire. Le ministre actuel de l'Agriculture, M. Ruau, vient enfin de déposer sur le
bureau de la Chambre un projet de loi très complet sur la matière et qui est une œuvre des plus
sérieuses.

Aux termes de ce projet mûrement élaboré par
le Conseil d'État après examen des Cours d'appel,

l'acte de constitution du bien de famille, pour tout immeuble d'une valeur maximum de 8000 francs, est reçu par un notaire et la publicité légale résulte de la transcription au bureau des hypothèques et de l'affichage manuscrit à la mairie. En principe le bien est déclaré insaisissable et ne peut être hypothéqué; mais les dérogations apportées à ce principe sont si nombreuses qu'on peut se demander si elles n'en détruisent pas en partie l'efficacité. Ainsi, le bien de famille reste saisissable quand la dette aura été contractée pour fournitures de subsistances faites à la famille pendant les six derniers mois par les marchands en détail, tels que boulangers, bouchers, épiciers etc., etc. Voilà une exception bien élastique et bien dangereuse, qui peut donner lieu à plus d'un abus et faire rentrer l'huissier par la fenêtre après qu'on lui aura fermé la porte.

Le propriétaire conserve aussi, d'après le projet, la faculté illimitée de vendre son bien avec le consentement de sa femme, qu'il obtiendra toujours quand il le voudra. Il peut le vendre le lendemain même de la constitution du bien de famille ou peu de temps après, ce qui fournit à ses créanciers un moyen indirect de peser sur lui. Pour le défendre contre leurs assauts et contre ses propres tentations, est-ce qu'on ne pourrait pas fixer un délai pendant lequel il serait interdit au propriétaire du Bien de famille de l'aliéner? Qu'on n'objecte pas que ce serait là une entorse au droit de propriété; personne n'est obligé de rendre son bien insaisissable et si l'on accorde ce privilège, car c'en est un, à un citoyen français, par des motifs d'intérêt général, il n'y a rien d'excessif à ce que le législateur mette à ce privilège des conditions sans lesquelles son but ne serait pas atteint.

La création du Bien de famille ne sera pas seulement profitable aux ouvriers agricoles et aux petits propriétaires, auxquels elle donnera la sécurité avec le bien-être, aux grands et moyens propriétaires auxquels elle procurera une main-d'œuvre abondante et de première qualité, elle aura en même temps l'influence la plus salutaire sur notre état social et sera la plus solide garantie de la paix publique.

Boissy d'Anglas, dans son célèbre rapport à la Convention nationale du 5 messidor an III, a mis en relief avec une précision lumineuse le rôle politique et social du droit de propriété et révélé aux gouvernements de l'avenir le secret de sa puissance bienfaisante: « Un pays gouverné par les propriétaires, disait-il, est dans l'état social; celui où les non-propriétaires gouvernent est dans l'état de nature. » Cette vérité de tous les temps qui fait des propriétaires la pierre angulaire des sociétés bien organisées est la condamnation éclatante de la doctrine collectiviste qui tend à supprimer la propriété individuelle, pour la remplacer par la propriété collective; elle trace à l'État démocratique son programme et son devoir qui est d'étendre indéfiniment le champ de la propriété individuelle en la rendant accessible à tous.

En faisant de tous les travailleurs, qui le voudront, des propriétaires, on enlèvera toute raison d'être à ce socialisme agraire qui a fait son apparition, il y a quelques années, mais qui n'a encore, Dieu merci, aucune racine profonde dans nos campagnes, parce qu'il se heurte au bon sens et à l'esprit pratique des masses rurales; il pourrait tout de même devenir un danger pour l'avenir si l'on ne parvenait pas à le désarmer et à l'enrayer par des mesures de protection et d'humanité. L'ouvrier rural qui voit qu'on fait tout pour ses camarades de la ville, demande maintenant qu'on songe un peu à lui; il n'est pas exigeant et il sera bien facile de le réconcilier avec un ordre social qui lui donnera quelques satisfactions et lui permettra de devenir aussi libre que sa terre.

Le « homestead » aura un avantage d'un autre genre et inappréciable, ce sera de faire tomber une des grosses objections qu'on oppose au retour à la terre des ouvriers agricoles, à savoir l'impossibilité de leur assurer toute l'année un travail permanent. Les grands travaux de culture sont, par leur nature, intermittents et l'ouvrier agricole

qui ne trouve pas d'occupation dans l'intervalle
de ces travaux, cherche d'instinct un métier
stable qui lui permette de gagner sa vie tous les
jours; c'est une des raisons principales qui l'ont
entraîné du côté de l'industrie, et tant qu'on
n'aura pas trouvé un moyen de le fixer au sol par
un travail régulier et durable, il est inutile
d'essayer de changer le cours de ses idées. Mais,
quand il aura une terre à lui, à laquelle il pourra
consacrer tout le temps qui lui restera en dehors
de son travail pour autrui et qu'il sera bien certain que, quoi qu'il arrive, personne ne pourra la
lui prendre, il verra les choses sous un autre
angle; il fera bien volontiers deux parts de
sa vie, celle du petit propriétaire qui cultive son
bien et celle du journalier qui cherche les bons
salaires pour améliorer sa situation et se donner
un peu de bien-être.

Il est, du reste, une autre façon de résoudre la
question du travail permanent que les progrès de
la science sont sur le point de nous apporter et
dont il faut dire un mot. C'est assurément une
des plus belles découvertes de ces dernières
années, que le transport de la force à grandes
distances par l'électricité. Dans un pays comme
la France où abondent les chutes d'eau, une semblable révolution peut produire des effets incal-
culables. Rien n'empêcherait de mettre ainsi à
la disposition de nos fermes, même éloignées des

grands centres, la force motrice nécessaire pour l'exercice à domicile de beaucoup d'industries. Il en est une foule qui n'exigent qu'une force insignifiante de un demi, un quart de cheval; or on trouve aujourd'hui de petits moteurs, qui tiennent très peu de place, qu'on peut mettre partout et qui, dans la même pièce, peuvent actionner plusieurs machines. Ces moteurs ne font pas de bruit et ne dégagent ni odeur ni chaleur, en sorte que le travail se fait dans des conditions hygiéniques excellentes.

Au point de vue de l'hygiène morale, les résultats de ce progrès nouveau seront plus considérables encore. De toutes les manières d'arracher l'ouvrier au cabaret, à l'alcoolisme et aux vices inséparables de la promiscuité des ateliers, il n'en est pas de meilleure que la reconstitution de la vie de famille par le travail en commun. Sans doute, cette révolution d'un nouveau genre, qui peut changer tant de choses, n'est encore qu'à l'état embryonnaire et elle ne se fera que très lentement; mais, quand on y sera entré, qui peut dire où elle s'arrêtera? Personne ne sait ce que l'avenir tient en réserve et nous assisterons, peut-être plus tôt qu'on ne croit, à un changement à vue et au bouleversement des conditions actuelles de la production. Il n'est pas douteux que l'agriculture en aurait le principal bénéfice puisqu'elle trouverait là une source de travail complémentaire, parfaitement conciliable avec les travaux des champs, et qui doublerait ses recettes. Le reflux vers la terre se ferait alors de lui-même et il n'y aurait plus personne à convertir.

CHAPITRE VII

LA VIE AU VILLAGE — LA SANTÉ PUBLIQUE

I

Nous en avons fini avec ce que nous appellerons le côté technique, scientifique et économique du problème agricole, mais nous n'aurions pas tout dit si nous nous en tenions là et nous laisserions dans l'ombre un côté du sujet qu'on relègue trop souvent au second plan et qui mérite plus d'attention.

13

L'homme est un être sensitif qui n'a pas seulement des besoins matériels, il a aussi des
besoins d'imagination et il n'est jamais heureux
si l'on ne met pas dans sa vie, si humble soit-
elle, une petite pointe d'idéal; avec les progrès
de l'instruction générale et de la civilisation, ce
genre de jouissance occupe une place de plus en
plus grande dans les aspirations de l'humanité.
Si l'on travaille plus qu'autrefois, on veut aussi
plus de satisfactions intellectuelles et de distractions. Plus la lutte pour la vie devient ardente et
féroce, plus la détente cérébrale s'impose.

Ces nouvelles exigences ont pris un tel empire
qu'elles sont devenues une des données essentielles du problème agricole lui-même et qu'il
n'est plus permis de les laisser de côté quand on
essaie de le résoudre. La campagne tend de plus
en plus à prendre l'esprit de la ville; les facilités
infinies de communication qui amènent tous les
jours le paysan à la ville où il peut jouir un
instant de tous les plaisirs qu'il ignorait autrefois, parce qu'ils n'étaient pas à sa portée, ont
insensiblement modifié les goûts de l'agriculteur
et s'il se rapproche si volontiers des grands
centres, c'est parce qu'il trouve son pauvre village trop triste, trop nu, trop vide de plaisirs,
et qu'il s'y ennuie.

Certes il n'entre pas dans notre pensée de
transporter dans nos villages toutes les séduc-

tions, toutes les attractions souvent peu morales des villes, ce qui serait impossible et peu désirable; mais sans aller jusque-là, rien ne serait plus facile, si l'on était bien pénétré de cette vérité, de donner à nos villages un peu plus d'élégance et de variété dans la vie. On pourrait y faire davantage pour les yeux et pour l'esprit, y multiplier les occasions de distractions saines et de plaisirs à bon marché.

Qui empêcherait de substituer au cabaret sombre et enfumé, d'aspect lugubre et misérable, véritable assommoir qui pousse à boire et à s'enivrer pour oublier la tristesse du lieu, un café un peu propre et élégant, bien éclairé, où l'on pourrait goûter en famille un instant de repos? Ce serait un moyen de lutter contre l'alcoolisme meurtrier que nous nous permettons de recommander à nos sociétés de tempérance. Elles pourraient s'entendre pour cette œuvre de moralisation avec les syndicats agricoles qui sont tout indiqués pour prendre en main toutes les améliorations de la vie rurale.

Signalons en passant et dans le même ordre d'idées la création de sociétés de musique, de chant, de tir et de gymnastique, qui répandraient tant d'animation autour d'elles et qui seraient un centre d'attraction si puissant.

Toutes ces choses sont très faciles au fond; pourquoi cependant sont-elles d'une réalisation

si difficile? Il ne faut pas en chercher la raison
bien loin. Ce qui manque presque partout dans
nos campagnes, c'est l'homme ou les hommes
capables de prendre l'initiative de ces modestes
transformations et de les mettre en route. Le
rural est timide de sa nature, méfiant par-
dessus le marché, très économe, et il n'aime pas
à se mettre en avant pour faire du nouveau; il
craint les quolibets de ceux qui ne font rien,
redoute les responsabilités, et il ne faut pas
compter sur lui pour prendre la tête d'une entreprise quelconque; mais il est plein de bonne
volonté pour suivre l'impulsion donnée et il ne
marchande pas son concours à une œuvre utile ou
agréable.

Qui sera ce quelqu'un indispensable pour mettre
tout en marche, ce boute-en-train dont on ne peut
pas se passer? Ce ne peut être qu'un homme un
peu supérieur à la moyenne des habitants de la
commune, indépendant par situation et par caractère, ayant une autorité acceptée de tous,
presque toujours un bourgeois, nous entendons
par là un habitant de la commune, fixe ou temporaire, venu de la ville avec ses goûts de plaisir et
de distraction et s'intéressant à la vie de la campagne.

Nous n'avons pas en vue ces bourgeois or-
gueilleux ou ces grands seigneurs d'autrefois, qui
ne prennent une installation à la campagne que

pour s'y barricader dans leur somptueuse solitude et qui ne veulent avoir aucun rapport, aucun contact avec le reste de la population ; ceux-là ne s'occupent de rien d'habitude et ne peuvent du reste rien faire de pratique parce qu'ils sont des réfrigérants et qu'ils éloignent au lieu d'attirer. Bien différente est la situation du bourgeois qui habite la campagne la plus grande partie de l'année, qui y possède des terres, en dirige l'exploitation, qui a, en un mot, les mêmes intérêts que les autres habitants de la commune et qui est mêlé à leur vie de tous les jours. Celui-là peut exercer une influence sur leur esprit par la façon dont il vit, et il dépend de lui de devenir le centre de toutes les organisations de nature à donner de la vie à la commune et à rendre son séjour agréable.

Cette classe de bourgeois ruraux autrefois si nombreuse s'est malheureusement de plus en plus raréfiée dans les cinquante dernières années. L'attraction des villes s'est exercée sur elle encore plus que sur les simples paysans ; sous l'empire de causes que nous avons analysées, beaucoup de propriétaires riches ont quitté l'agriculture pour l'industrie où l'on gagnait plus d'argen' et où l'on trouvait une existence plus large, des habitations plus luxueuses. Ceux qui ne sont pas devenus industriels ont suivi l'exemple des autres et ont cherché aussi à la ville des jouissances plus relevées, une société plus choisie, plus raffinée. Les femmes ont eu leur large part dans ce mouvement d'exode vers la ville et elles sont en grande partie responsables de l'absentéisme qui a si puissamment contribué à la dépopulation des campagnes.

II

A côté des séductions irrésistibles de la ville il est une autre raison qui a puissamment contribué à activer l'émigration bourgeoise et à faire le vide dans les campagnes; c'est la maladie grandissante du fonctionnarisme. Nous touchons là à une des plaies profondes de la société Française, à une des plus inquiétantes pour l'avenir du pays. Dans les vingt dernières années la maladie a pris des proportions insolites; c'est avec une véritable fureur que les fils de bourgeois, bientôt suivis par les enfants du peuple, se sont rués sur les fonctions publiques.

A la naissance de chaque enfant le père et la mère se mettaient à rêver de la place qui serait la plus digne de lui, magistrat, polytechnicien ou sous-préfet. A partir de ce jour toute la vie de la famille était réglée sur cette conception grandiose; il fallait bien aller à la ville pour suivre de près 'éducation du petit prodige et s'y créer des relations avant de le lancer dans la carrière. On abandonnait ainsi la campagne sans esprit de retour et on détournait la tête pour ne plus la voir[1].

Cet état mental déplorable est heureusement en voie de se modifier profondément sous l'action de causes nombreuses La violence des passions politiques, qui nous fait tant de mal par ailleurs, nous a au moins rendu ce service d'enlever à beaucoup de pères de famille le goût et l'habitude de faire antichambre. L'esprit d'ostracisme et de persécution qui s'est introduit dans les régions parlementaires a livré les fonctions publiques à une telle instabilité qu'on s'en éloigne de plus en plus; du moment qu'on n'y trouve plus la sécurité absolue qui en faisait tout le charme, elles ne séduisent plus personne.

Voilà un bon mouvement qui pourra nous sauver de bien des dangers en rendant à une partie de la bourgeoisie la virilité, l'énergie qui lui manquent trop souvent. Quand ses enfants se décideront à lutter pour la vie et à se faire leur situation eux-mêmes, quand ils se décideront à fonder des

---

1. La maladie a gagné les couches profondes de la population et rien ne peut donner une idée plus juste de son intensité que la statistique des demandes d'emplois adressées à la Préfecture de la Seine. Elles ne s'élèvent pas à moins de 35 000 pour les cantonniers; elles sont de 7000 pour les garçons de bureau, de 5000 pour les concierges d'écoles, etc., ce qui, fait en tout cinquante mille postulants, pour combien de places? pour 400 places.

maisons, à diriger une exploitation, à aller aux colonies, la sève naturelle et si vigoureuse du tempérament français reprendra le dessus et nous cesserons d'être un troupeau pour devenir une nation d'hommes libres.

Il y aura du reste un moyen décisif de précipiter cette évolution si désirable, si nécessaire et d'achever notre transformation, ce sera d'aborder de front cette grande réforme de la décentralisation, une des plus importantes peut-être de l'heure présente et la seule dont on ne s'occupe jamais au Parlement. Il faudra cependant bien qu'on y arrive un jour, si l'on ne veut pas que la France expire sous le poids des impôts et de la bureaucratie; pourquoi ne pas appliquer aux services de l'État la formule qui fait la fortune de l'industrie et qui devrait dominer toutes les branches de l'activité humaine : un personnel peu nombreux, travaillant beaucoup et largement rémunéré?

Qu'on mette la formule en pratique hardiment, qu'on rende à l'activité productrice du pays toutes ces intelligences, toutes ces énergies qui s'atrophient dans l'air des bureaux, et on fera revivre et refleurir l'industrie agricole à laquelle on rendra les forces vives dont elle a été trop longtemps privée; du même coup on ramènera à elle les capitaux dont elle a tant besoin.

III

Car, c'est l'abandon de la terre par la bourgeoisie qui, en raréfiant le nombre de ses acheteurs, a entraîné la masse des capitalistes à classer la propriété rurale parmi les non-valeurs et à porter leurs placements ailleurs. Quand ils ont vu que le bourgeois riche vendait sa maison de campagne ou son exploitation pour aller à la ville, ils se sont dits qu'il valait infiniment mieux acheter des obligations de chemin de fer ou de la rente sur l'État qui trouvent toujours preneur que de se mettre sur les bras une chose dont personne ne voulait plus.

Tout changera vite quand les capitalistes verront la bourgeoisie riche mettre son plaisir et son amour-propre à vivre à la campagne le plus souvent et le plus longtemps possible; dès qu'elle se disputera les meilleures terres et les situations avantageuses la valeur de la propriété remontera à vue d'œil. Ce qui le prouve bien, c'est qu'on constate déjà dans certaines régions de France où la bourgeoisie fatiguée des villes recherche les bons coins de villégiature, un relèvement sérieux du prix de la terre qui gagne de proche en proche.

L'évolution des capitalistes ne fera d'ailleurs que suivre l'évolution financière qui se dessine

de plus en plus. Le revenu des valeurs mobilières
ne cesse pas de descendre pendant que celui de
la terre monte; il n'est pas douteux qu'aujour-
d'hui une exploitation agricole bien conduite et
pourvue de capitaux suffisants rapporte davantage que la rente sur l'État.

Il reste, il est vrai, l'industrie, qui continue
toujours à fasciner ceux qui veulent devenir
riches très vite. Mais, hélas! les beaux jours de
l'industrie sont aussi passés et on ne les reverra
plus. Le bénéfice industriel baisse de jour en
jour; il suffit pour s'en convaincre de consulter
les comptes rendus d'innombrables sociétés industrielles, très bien dirigées, qui ne donnent
depuis des années que des dividendes dérisoires
de 2 à 3 pour 100, quand elles en donnent; car le
risque industriel va grandissant, et à côté des
établissements qui réussissent il faut placer ceux
qui se ruinent ou qui mangent leur capital accu-
mulé[1].

1. Dans tous les pays le revenu industriel est en baisse cons-
tante.

Le *Manchester Courrier* nous apprenait récemment que sur
90 filatures de coton anglaises, 47 avaient donné du bénéfice et
43 de la perte en 1904. Grâce aux réserves il leur a été distribué un dividende moyen de 2 1/2 pour 100 en 1904, contre
3 pour 100 en 1903.

En Allemagne, il résulte d'une enquête commencée par
M. Kœchlin sur 74 établissements de filature et de tissage
de coton représentant 3 millions de broches et 29 000 métiers
que 28 n'ont donné aucun dividende pour les années 1901-
1902-1903; 19 pour parer aux pertes ont diminué leur capital;

Quand ces comparaisons frappantes auront pénétré dans les cerveaux, les capitaux se retireront insensiblement de l'industrie pour se diriger vers l'agriculture. Et ça sera un grand bien pour l'industrie elle-même; l'afflux trop abondant des capitaux est pour elle une tentation irrésistible qui la pousse a créer sans cesse de nouveaux établissements, et il a sa part dans la crise de surproduction générale dont nous cherchons le remède.

Nous ne nous en prendrons pas pour cela au capital lui-même et nous ne dirons pas comme M. Vaillant, à la Chambre : Sus au capital. Non, le capital est un bienfaiteur pour le travail, et M. Vaillant est un ingrat quand il l'accuse : il oublie que c'est lui qui donne du travail aux ouvriers et qui alimente le réservoir des salaires. Mais ce n'est pas une raison pour le porter exclusivement sur un seul point, au risque d'y créer un encombrement désastreux, et l'erreur de M. Vaillant est d'accuser le capital lui-même au lieu de s'en prendre à sa mauvaise répartition, cause unique du malaise dont il se plaint ; quand le capital sera bien réparti, il continuera son œuvre bienfaisante, et l'harmonie se rétablira d'elle-même dans le monde du travail.

27 établissements, c'est-à-dire un tiers seulement, ont pu donner un dividende.

IV

La littérature populaire aurait un grand et
beau rôle à jouer dans cette œuvre de régénération morale et sociale ; elle pourrait beaucoup
pour changer les idées, les habitudes, le caractère des citadins et des ruraux eux-mêmes, en
modifiant leur conception de la vie et du bonheur.

Malheureusement, elle semble de plus en plus
oublier cette noble mission d'éducatrice. Quand
elle ne tourne pas à la pornographie abjecte, qui
est le foyer d'infection morale le plus redoutable de
notre époque, elle ne sait que flatter les appétits
les plus bas et les passions les plus violentes ; elle
étale avec complaisance sous les yeux de la foule
des scènes de férocité hideuses, comme si elle
voulait ramener l'homme à la bête.

En face de cette littérature décadente on voit
heureusement se lever depuis quelques années
une littérature nouvelle, la littérature de l'avenir, éprise de toutes les beautés, la beauté de la
nature, la beauté de l'homme fort et sain, la
beauté de la vie intérieure ; elle fait appel aux
plus nobles sentiments de l'âme humaine et
s'efforce de réveiller en elle le goût de la vie
simple et des joies de la famille.

C'est de ce thème nouveau que M. René Bazin a tiré des effets si saisissants et d'une vérité si émouvante dans son superbe livre : *la Terre qui meurt*.

Rien de plus moral qu'un tel livre, qui contient une si haute leçon pour tout le monde et qui mériterait d'être lu et médité partout; il apprendrait d'abord aux fils de bourgeois avec quelle facilité on se ruine quand on court après la fortune et qu'on ne sait pas se contenter du bien-être modeste, mais certain, qu'assure toujours la terre à ceux qui s'attachent à elle. Il leur ferait comprendre tous les avantages de cette vie large, indépendante, sereine, qui procure à l'homme le maximum de bonheur moyen qu'il peut espérer sur la terre.

Au paysan tenté de se décourager et de lâcher pied parce qu'il trouve sa vie trop rude et le profit qu'il tire de son travail trop maigre, il montrerait qu'à la ville non plus tout n'est pas rose, qu'on y paie souvent très cher les plaisirs qu'on y goûte et qu'à chaque pas la misère et le désespoir guettent les malheureux qui se sont laissé prendre à ses décevants mirages.

L'heure est, du reste, bien choisie pour entreprendre en faveur de la terre une croisade que le courant de l'opinion semble favoriser partout. Il n'est pas douteux qu'il se fait en ce moment, comme par une sorte de poussée instinctive, un

travail profond dans les esprits qui oriente beaucoup de Français dans une direction toute nouvelle. La réaction contre la ville s'accentue pendant que l'attraction de la campagne grandit
chaque jour et s'affirme avec une force irrésistible.

Tout contribue à ce mouvement instinctif et
profond, l'excès de fatigue des habitants des
villes, la lassitude d'une existence toujours agitée
et devenue maladive, le déchaînement de toutes
les passions politiques, religieuses, sociales, qui
engendre la soif du repos et fait envisager la
campagne comme une oasis protégée contre les
bruits du dehors, enfin la ruine des santés de
plus en plus compromises par une existence
désordonnée qui est une cause d'usure inces-
sante.

Car, il n'est plus permis d'en douter aujourd'hui
et toutes les découvertes de la science aboutissent
à la même conclusion : la cause principale de
tant de maladies insidieuses et mystérieuses que
ne connaissaient pas nos pères, ou qui étaient
tellement exceptionnelles qu'on les recensait à
peine, des affections nerveuses qui revêtent tant
de formes affligeantes, hypocondrie, neurasthé-
nie, anémies du cerveau et de l'horrible tuberculose pire que la peste, c'est surtout, il faut avoir
le courage de l'avouer, l'atmosphère viciée,
empoisonnée au milieu de laquelle notre civilisation ou plutôt la dégénérescence de notre civi-

lisation a plongé l'espèce humaine depuis un demi-siècle. Cette vie contre-nature à laquelle les trésors de santé et de forces accumulés par nos aïeux ont pu pendant un certain temps résister a fini par user tous les organismes et par avoir raison de tous les remèdes[1].

Il y a longtemps que Jean-Jacques Rousseau avait, dans l'*Émile*, dénoncé comme par une sorte de prescience les dangers qui menaçaient les générations à venir. « Les hommes, disait-il, ne sont pas faits pour être entassés en fourmilière, mais épars sur la terre qu'ils doivent cultiver. Les infirmités du corps ainsi que les vices de l'âme sont l'infaillible effet de ce concours trop nombreux. L'homme est, de tous les animaux, celui qui peut le moins vivre en troupeaux. Des hommes entassés comme des moutons périraien en peu de temps. L'haleine de l'homme est mortelle à ses semblables ; cela n'est pas moins vrai au propre qu'au figuré. Les villes sont le gouffre de l'espèce humaine. Au bout de quelques géné-

1. Ce qui se passe à Paris est effrayant. Il résulte d'une communication récente faite à l'Académie de médecine par le professeur Grancher, que, sur six enfants des écoles publiques, il y en a un atteint de tuberculose latente ganglio-pulmonaire. Un autre médecin, le docteur Georges Bourgeois, a établi par des statistiques sévèrement contrôlées que les évadés de la campagne, transplantés à Paris, les déracinés comme on les appelle très justement, fournissent à la mortalité tuberculeuse un contingent de beaucoup supérieur à celui des Parisiens de naissance.

rations, les races périssent ou dégénèrent; il faut les renouveler, et c'est toujours la campagne qui fournit à ce renouvellement. »

Michelet a dit la même chose sous une forme plus précise encore et d'une poésie charmante : « De toutes les fleurs la fleur humaine est celle qui a le plus besoin de soleil. »

L'art médical à bout de ressources et ayant épuisé tous ses moyens a fini par raisonner comme ces deux grands penseurs et il a pris aujourd'hui le bon parti. Il s'est dit que pour guérir le mal il fallait d'abord en supprimer la cause et il a fini par proclamer que le vrai remède, le remède souverain, est dans le retour à la nature, à la vie pour laquelle nous sommes faits, la vie au grand air, reposée et reposante[1].

C'est ainsi que les cures d'air sont devenues par la force des choses le fond invariable de tous les traitements, la médication universelle pour la plupart des affections qui affligent aujourd'hui l'espèce humaine. Le sanatorium se développe partout, envahit tout, et l'on ne sait plus aujourd'hui où se réfugier dans certaines régions alpestres quand on veut éviter le voisinage

---

1. Un économiste éminent, qui est en même temps un philanthrope d'un dévouement inépuisable, M. Cheysson, vient de traiter cette question brûlante d'actualité dans un très remarquable mémoire adressé à l'Office Central des Œuvres de Bienfaisance sous ce titre : *la Misère provinciale à Paris*. Sa conclusion est, comme la nôtre, le retour à la terre.

des innombrables victimes de la maladie du siècle.

Mais le sanatorium lui-même n'est pas une solution, ce n'est qu'un expédient désespéré et qui peut devenir aussi dangereux que le mal lui-même. Il peut guérir le malade, c'est vrai, mais il peut aussi propager la maladie, l'étendre et la rendre indéracinable pour le malheur de l'espèce. Ce qui vaut mieux que le sanatorium, c'est l'isolement individuel et permanent au milieu d'un air pur, avec la vraie vie des champs, celle qui retrempe, qui élimine les germes morbides et écarte les contagions menaçantes.

Si le traitement par la nature n'est pas toujours suffisant pour guérir les maladies invétérées, il est en tout cas infaillible comme système préventif pour en empêcher l'éclosion. Vous tous qui tremblez pour la vie de vos enfants, qui vivez dans une angoisse perpétuelle en contemplant leur visage pâle et souffreteux, indice d'un sang appauvri, d'une nervosité précoce, d'une décomposition lente, et qui voyez s'avancer avec effroi le microbe qui doit fatalement se développer sur ce terrain tout prêt à le recevoir, n'hésitez pas; et si vous tenez à sauver ces êtres si chers, ayez le courage des grandes et fortes résolutions qui seules peuvent leur rendre la santé et la vie. Partez avec eux pour les champs et tâchez de les y laisser le plus longtemps possible, toujours si

14

cela dépend de vous ; grâce à ce bain vivifiant, vous les verrez revivre et vous reconstituerez une race prête à s'éteindre.

Il semble, du reste, que les habitants des villes, surtout des grandes villes, se sentent depuis quelques années poussés par l'instinct de la conservation à ouvrir de plus en plus largement cette porte de salut qui donne sur la belle nature. On ne peut pas attribuer à une autre cause ce besoin effréné de villégiature qui s'est emparé des populations urbaines et qui les entraîne maintenant comme un flot immense partout où elles ont chance de trouver un peu de verdure et l'abri de quelques arbres. Les gens riches qui étaient seuls autrefois à se donner ce luxe rare ont été bientôt suivis par les petits bourgeois ; derrière les bourgeois, ce sont aujourd'hui les boutiquiers, les ouvriers eux-mêmes qui se précipitent sur les chemins de fer pour aller chercher le plus loin possible la rase campagne où ils peuvent respirer à pleins poumons et faire d'amples provisions d'oxygène

V

La philanthropie de notre époque toujours en éveil a fini par s'émouvoir et par porter son attention de ce côté. Des hommes de cœur, des patrons à l'âme généreuse. comme il y en a tant en France, quoi qu'en dise le parti révolutionnaire dans son aveuglement haineux, se sont ingéniés à entretenir chez les ouvriers le goût de la nature et à leur fournir les moyens de le satisfaire. Dans ce but, ils ont mis à leur disposition partout où on l'a pu un petit jardin, de préférence autour de leur habitation quand cela a été possible et à proximité quand on n'a pas pu faire autrement.

Les avantages de cette modeste réforme sont innombrables : l'ouvrier prend ainsi l'habitude de se délasser du travail de l'atelier par la pratique du jardinage, la plus saine de toutes au point de vue moral et physique, de l'avis des hygiénistes ; l'air qu'il respire répare ses forces, calme ses nerfs, lui rend sa bonne humeur, l'arrache aux distractions empoisonnées du cabaret et à l'alcoolisme. Sa femme, ses enfants qui l'aident dans sa modeste culture et qui travaillent à ses côtés, ont leur part de bonheur et de santé et se régénèrent comme lui à l'air libre. Quand ils s'asseoient tous à la table de famille, ils ont la satisfaction de jouir du résultat de leurs efforts ; ils savourent les fruits et les légumes frais, produit de leur travail, qui améliorent leur pauvre ordinaire sans rien leur coûter.

Cette œuvre d'hygiène supérieure et d'émancipation sociale a été généralisée et démocratisée par une grande société qui gagne tous les jours du

terrain et qui ne tardera pas à rayonner sur toute
la France. Elle est digne de la reconnaissance
publique, et les résultats qu'elle a déjà obtenus
sont le plus bel éloge qu'on puisse faire du zèle
admirable des membres qui la composent. Fondée par deux apôtres véritables, M. l'abbé Lemire
et M. Louis Rivière, précédés eux-mêmes par
l'initiative d'une femme de grand cœur, Mme Her-
vicu, la société des Jardins ouvriers a entrepris
de mettre à la disposition des familles d'ouvriers,
dans les villes, et dans les grandes agglomérations industrielles, des jardins d'une certaine
étendue ; pour cela, elle suscite sur tous les points
de la France des sociétés filiales dont l'objet est
de constituer ces jardins et de les répartir entre
les familles les plus intéressantes, soit à titre
gratuit, soit moyennant une modeste redevance ;
le locataire peut même en payant une redevance
un peu plus élevée s'assurer la pleine propriété
de son petit lopin de terre.

L'idée était si belle et si juste qu'elle a été
tout de suite comprise et qu'elle a attiré à elle
cette masse d'esprits généreux et compatissants
qui sont légion dans notre bon pays de France ;
les résultats obtenus en quelques années le
disent assez. L'enquête organisée en 1903 par
la Société a révélé l'existence de 134 œuvres de
jardins ouvriers représentant un total de 6458 jardins ; les jardins étaient répartis entre 294 groupes

et couvraient déjà une surface de 269 hectares.

Voilà le mouvement lancé et tout permet de croire qu'il s'accentuera et fera rapidement le tour de nos départements. Il faut espérer qu'il ne gagnera pas seulement en étendue, mais aussi en profondeur, et que l'idée nouvelle se transformera pour venir au secours de nouvelles misères et panser une de nos plaies sociales et agricoles les plus douloureuses et les plus inquiétantes, nous voulons parler du vagabondage.

Le 15 décembre 1807, Napoléon Ier, dans un accès de philanthropie vite oublié, écrivait à son ministre de l'Intérieur : « Il faut qu'au commencement de la belle saison la France présente le spectacle d'un pays sans mendiants. » Hélas ! la belle saison se fait longtemps attendre et les mendiants se sont tellement multipliés depuis 1807 qu'ils forment aujourd'hui une armée de plus de 400 000 vagabonds dont Napoléon lui-même n'aurait pas facilement raison.

Nous avons dit les ravages exercés dans nos campagnes par ces faméliques partis de la ville qui passent à certaines époques de l'année comme des nuées de sauterelles, faisant main-basse sur tout et semant la terreur sur leur passage. L'insécurité redoutable dont ce nouveau fléau afflige la plupart des exploitations agricoles est pour beaucoup dans la désertion des campagnes et dans la dépréciation croissante des fermes et des pro-

priétés isolées; c'est aussi une des causes de
l'absentéisme si fâcheux des propriétaires que
nous avons déploré. Le bourgeois, timide par nature, ne consent pas volontiers à s'éloigner du
cercle de protection de l'autorité quand il en sent
le besoin.

Malheureusement les gendarmes ne peuvent pas
être partout, et l'on aura beau en augmenter le
nombre, ils seront toujours insuffisants pour une
pareille tâche tant que le vagabondage ne sera pas
réduit à son strict minimum. C'est donc au mal lui-
même qu'il faut s'attaquer, si l'on veut le circon-
scrire et l'extirper. Pour cela, il faudrait s'occuper un peu plus qu'on ne le fait de ces malheureux, et le premier moyen à employer pour s'en
débarrasser, le plus sûr, devrait consister à leur
donner du travail : un travail qui les fixe au sol
pour les empêcher de vagabonder, et leur enlever
tout prétexte, toute tentation de reprendre leur
vie nomade.

Le pays qui a le mieux compris cette nécessité et qui a trouvé les moyens d'application à la
fois les plus ingénieux et les plus pratiques est
la Hollande, la terre classique de l'assistance par
le travail, spécialement de l'assistance par le
travail de la terre. Il y a longtemps, bien longtemps
déjà, c'était en 1818, le général van den Bosch a
eu l'heureuse idée de procurer du travail aux nombreux chômeurs qui s'adressaient à l'assistance;

il a construit pour eux en société un certain nombre de fermes modèles qu'il a mises à leur disposition en donnant, bien entendu, la préférence aux plus intéressants et aux plus laborieux.

Aujourd'hui encore la Société occupe sur ses fermes une population de 2000 âmes. C'est peu de chose assurément, même pour un petit pays comme la Hollande ; mais depuis 1818 l'idée a fait du progrès et pris un développement considérable. Une loi de 1843 a autorisé les communes qui possédaient des landes en friche à les allotir pour les donner à ferme aux indigents à prix réduits. A Francken (Frise), c'est la caisse d'épargne qui a pris l'initiative de mettre en location des terres lui appartenant. A Uithuizen, c'est une société de bienfaisance qui acquiert 8 hectares de terrain et les répartit entre 197 individus pour un fermage total de 833 florins. Certaines sociétés ont même organisé un fonds d'amortissement destiné à faire du tenancier un propriétaire moyennant un prix de location un peu plus élevé.

Nous pourrions citer beaucoup d'organisations du même genre sur d'autres points des Pays-Bas, mais à quoi bon! Nous avons atteint notre but en démontrant par des faits précis et une pratique contrôlée par l'expérience que, pour lutter contre le vagabondage, il n'est pas de plus sûr moyen que de fixer le vagabond au sol par le lien solide de la propriété.

En France nous n'avons fait, jusqu'à présent, que nous lamenter et assiéger de nos doléances les Pouvoirs publics qui semblent vraiment prendre un peu trop leur parti de cette lèpre envahissante[1]. Quelques préfets, que n'absorbaient pas la politique, ont cependant porté leur attention et leurs efforts de ce côté : celui qui a obtenu les meilleurs résultats a été certainement M. Alapetite, préfet du Pas-de-Calais, qui a eu le mérite de comprendre qu'on ne pouvait sévir utilement contre le vagabond, qu'à la condition de le mettre d'abord en demeure de travailler et de lui fournir du travail. Il a donc commencé par créer un dépôt de mendicité sur lequel il a dirigé tous les vagabonds du département : là, on a fait la sélection de tous les étrangers qu'on a refoulés dans leur département d'origine. Les autres ont été installés sur des chantiers où on leur a donné des cailloux à casser, moyennant un salaire de 1 fr. 50 à 3 francs le mètre cube. Les femmes ont été employées à des travaux d'épluchage, de coupage de paille, etc.

Les dépenses du département, pour cette opération d'ensemble, n'ont pas dépassé 15 000 francs par an, ce qui est fort peu de chose, si l'on consi-

---

1. Voir les rapports de M. Morel d'Arleux à la Société des Agriculteurs de France (1902 et 1903).

dère le résultat et il a été excellent, puisque le
département du Pas-de-Calais est aujourd'hui dé-
barrassé d'une véritable calamité agricole.

Pour conclure, nous estimons qu'il suffirait de
compléter cette combinaison, à notre avis in-
suffisante, par l'application du système hollandais
d'assistance par la terre, pour arriver rapidement
et très sûrement à la solution du problème du
vagabondage ; on supprimerait ainsi sans grande
dépense une vraie plaie sociale et une des
causes actives de la dépopulation des campagnes[1].

Pourquoi ne fonderait-on pas, sur le modèle de
nos sociétés d'habitations ouvrières, des sociétés
de petites fermes agricoles que le gouvernement
et les départements pourraient subventionner et
qui auraient pour but d'installer sur tous les
points de la France, les meilleurs et les plus laborieux de ces nomades, de façon à en faire des
propriétaires attachés au sol et à reconstituer
ainsi cette classe si florissante des petits pro-

1. On pourrait aussi, par le même procédé, guérir un autre
fléau dont nous ne disons qu'un mot en passant, celui de la cri-
minalité dans la jeunesse. Le nombre des jeunes criminels va
croissant avec leur audace et leur perversité. On voit aujour-
d'hui des monstres de vingt ans qui sont les plus redoutables de
tous. Ce sont en général des récidivistes incorrigibles qui sont
sortis de prison pires qu'ils n'y étaient entrés. Le travail sur-
veillé et au grand air, l'atmosphère moralisatrice de la campagne
sont seuls capables de les régénérer physiquement et morale-
ment, et les Colonies agricoles devraient de plus en plus s'im-
planter dans notre système pénitentiaire.

priétaires journaliers dont la main-d'œuvre était si recherchée? Les mêmes sociétés pourraient, comme nous l'avons dit, présider à la création des Biens de famille et former ainsi avec le temps une armée de petits propriétaires qui serait, pour la France, une réserve de forces inépuisable et une garantie incomparable d'équilibre social et politique. Nous sommes convaincus que les capitalistes qui s'engageraient dans une pareille opération n'y perdraient rien et n'auraient pas à la regretter ; le placement financier est du reste secondaire, si on le compare au placement moral, et jamais la France n'aurait fait de prêt à plus gros intérêts.

La régénération de la race rurale n'est-elle pas pour elle une des nécessités les plus pressantes de l'heure présente, un des moyens les plus efficaces de lutter contre la tare désespérante qui l'anémie et la menace de ruine, l'affaiblissement constant de la natalité. De toutes les manières de guérir cette terrible maladie, il n'en est pas de meilleure, de plus efficace, que de créer, de propager par tous les moyens une race forte et vigoureuse, au sang riche, prolifique par tempérament et par intérêt ; les grandes familles qui sont un embarras à la ville sont une fortune à la campagne, surtout pour le petit agriculteur qui ne peut pas se donner le luxe de la main-d'œuvre payée.

Voilà pourquoi on trouve encore tant de familles nombreuses, dans les pays de petite culture. C'était là aussi que se recrutaient autrefois les plus beaux hommes de notre armée, et on les retrouverait encore si l'on parvenait à y détruire l'alcoolisme, ce fléau destructeur, qui est une cause de ruine aussi bien pour la natalité que pour la santé publique. Le retour à la terre se lie ainsi plus étroitement que jamais à la conservation de notre puissance militaire, et il est aujourd'hui comme le pivot de la défense nationale.

CHAPITRE VIII

OUVRIERS ET PAYSANS

I

Après avoir exposé aussi complètement et en
même temps aussi succinctement que nous l'avons
pu les transformations économiques opérées au
cours du siècle dernier, et surtout dans ces dernières années, après avoir dressé le bilan aussi
exact que possible de la situation respective de
l'industrie et de l'agriculture des différents pays
du monde, et constaté le défaut d'équilibre qui
paraît de plus en plus s'accentuer dans la production générale, nous sommes arrivés à cette conclusion qu'il était temps de rétablir la balance

imprudemment faussée entre la production agricole et la production industrielle. Nous avons ensuite essayé de démontrer que cette grande évolution était non seulement désirable, mais qu'elle
était possible et facilement réalisable, grâce aux
progrès incessants de l'industrie agricole depuis
vingt ans.

Il va sans dire que c'est une simple orientation
que nous entendons indiquer, et que nous n'avons
nullement la prétention de changer du jour au
lendemain les conditions de la production. Il
n'entre pas dans notre pensée de ramener l'industrie en arrière, mais uniquement de l'aider à
sortir de l'état de crise permanent et dangereux où
elle use ses forces en l'invitant à plus de prudence,
et en attirant son attention sur des difficultés, des
périls dont elle ne paraît pas avoir suffisamment
conscience. Nous n'ignorons pas que ces transformations délicates ne peuvent s'opérer que lentement et qu'elles ne produiront leurs effets qu'à
longue échéance; mais il ne faut pas non plus y
songer trop tard et ne les entreprendre que lorsqu'il n'est plus temps.

Nous ne nous dissimulons pas d'ailleurs que
notre solution rencontrera plus d'un contradicteur
et nous voudrions aller au-devant de certaines
objections qui se sont déjà fait jour. Le problème
qui se pose n'est pas nouveau, et nous n'avons pas
le mérite de l'invention. Il a été bien souvent

traité et de main de maître ; mais il n'a jamais été
aussi actuel qu'aujourd'hui, parce que les difficultés croissantes de notre situation économique
l'imposent de plus en plus à l'attention publique
et à la réflexion de tous les économistes, en même
temps que de tous les hommes d'État.

Il vient de faire l'objet d'une étude très approfondie de la part d'un des chefs les plus en vue
du parti socialiste Belge, M. Vandervelde, qui a
publié tout récemment[1] sur le sujet, un livre remarquable comme documentation et comme dia-
lectique.

M. Vandervelde a été frappé, comme tout le
monde, de la rapidité avec laquelle les populations
des campagnes sont venues s'entasser dans les
villes où elles commencent à étouffer et à dépérir,
et il est visiblement inquiet de la rupture d'équilibre qui s'est opérée à la fois dans les conditions
de la production et dans celles de la vie de famille. L'étude des faits qu'il avait sous les yeux,
des statistiques qu'il a dressées avec le soin le
plus consciencieux, l'a conduit tout près de la
vérité, et il serait certainement arrivé aux véritables conclusions, s'il n'était dominé par un
parti pris de doctrine qui les a complètement
faussées.

Pour lui, la classe ouvrière est une classe de

1. *L'exode rural et le retour aux champs*, par E. VANDERVELDE,
chez Félix Alcan.

beaucoup supérieure à la classe agricole, parce
qu'elle reçoit dans les villes et dans les grands
centres industriels une éducation socialiste qui la
pénètre jusqu'aux moelles et qui en fait l'armée
de demain pour la révolution sociale en marche. Le paysan attaché à la terre lui apparait
comme un être inférieur, d'un positivisme étroit,
d'un égoïsme invincible et incapable de s'élever
jamais à la conception du nouvel idéal social. « Si
grands que soient, dit-il, les maux engendrés par
la concentration urbaine, elle a tout au moins,
à nos yeux, cet inappréciable avantage d'arracher
des milliers d'individus à l'inertie mentale, à
l'individualisme étroit et borné, qui sont le triste
apanage de la majeure partie des populations
agricoles. »

Avec un pareil point de départ, on comprend
aisément que M. Vandervelde ne se préoccupe que
médiocrement d'augmenter et de renforcer les
populations agricoles qu'il considère comme un
obstacle insurmontable à ses desseins; aussi se
console-t-il très facilement de l'exode rural dont
il a analysé avec tant de précision les désastres
au point de vue agricole dans la première partie
de son livre. Il le considère comme une fatalité
inéluctable et irréparable; il ne croit pas qu'on
puisse ramener les ouvriers à la terre et il n'y
songe pas. Mais, comme il ne peut guère conclure
à une négation après avoir tracé un tableau aussi

noir que véridique des funestes conséquences de l'exode des campagnes, il s'en tire par un moyen terme et propose tout simplement de faire des ouvriers des demi-agriculteurs en leur procurant, par des moyens artificiels, les avantages de la vie des champs comme correctif des duretés impitoyables de la vie industrielle.

Pour cela il indique un premier moyen déjà mis en pratique en Belgique et qu'il propose de généraliser : ce procédé consiste à transporter le domicile des familles ouvrières du centre des villes où elles sont si misérablement installées, dans les banlieues rurales et même en pleine campagne. De cette façon le père de famille peut gagner sa vie à la ville pendant que sa femme, restée à la campagne, vaque aux soins du ménage et cultive avec les enfants le jardinet ou même le petit champ qui leur fournit à bon marché une partie de leur nourriture.

La Belgique pratique ce système sur une grande échelle, et M. Vandervelde est mieux placé que personne pour en voir les résultats. Il n'est d'une application possible que grâce au concours des compagnies de chemins de fer Belges qui ont créé, aux abords des villes et des grands centres industriels, des trains ouvriers à prix extrêmement réduits, condition indispensable pour rendre l'opération avantageuse. On estime à plus de 100000 le nombre des ouvriers belges

qui tous les jours font ainsi la navette de la ville
à la campagne.

Si épris qu'il soit de cette ingénieuse combinaison, M. Vandervelde ne dissimule pas cependant
qu'elle a aussi ses inconvénients, son revers de
médaille; il fait une peinture attristante de l'éner-
vement et de l'état de fatigue des malheureux
ouvriers obligés de se lever une heure ou même
deux heures avant l'ouverture de l'usine, de gagner
la gare voisine, été comme hiver, et, après avoir
refait le même trajet, tombant le soir exténués;
en sorte que si l'on voit bien le profit que tire la
famille de ce déplacement brutal on ne voit pas
du tout celui qu'en retire l'ouvrier lui-même. Le
petit supplément d'air pur qu'il aspire entre
10 heures du soir et 5 heures du matin ne compense guère l'usure de forces qui le paie.

II

Aussi M. Vandervelde, qui sent bien que là est
le point faible du système, finit-il par une autre
proposition infiniment plus pratique et qu'il considère comme le dernier mot du progrès; au lieu
de transporter l'ouvrier tout seul à la campagne,
il propose d'y transplanter l'usine elle-même.
Ce serait en effet l'idéal, s'il était possible de le

réaliser d'un coup de baguette. Pour appuyer sa
thèse, M. Vandervelde constate avec satisfaction
que ce mouvement de décentralisation urbaine
se dessine déjà depuis longtemps et qu'il va s'accentuant d'année en année, pour des causes qu'il
déplore, mais dont il reconnaît les heureuses
conséquences.

Il remarque que beaucoup d'industriels ont une
tendance à quitter la ville et à transporter leurs
établissements en rase campagne pour payer des
salaires moins élevés d'abord et surtout pour soustraire leurs ouvriers à la contagion et à la domination des syndicats révolutionnaires. A quelque
chose malheur est bon, conclut philosophiquement
M. Vandervelde. Les ouvriers y gagnent au moins
d'être mieux logés, d'avoir la vie plus large,
moins chère, de respirer tout le temps un air pur
et de pouvoir tenir un jardin ou une petite culture
qui les ramène à la terre. Telle est, selon lui, la
véritable solution, la seule possible de l'exode
rural. Elle consiste, on le voit, à permettre à
l'ouvrier de cumuler les avantages des gros salaires
industriels et de la vie agricole.

La combinaison est, en effet, des plus heureuses
et nous nous joignons à M. Vandervelde pour la
recommander de toutes nos forces aux intéressés;
nous souhaitons bien vivement que les industries
s'installent le plus possible au milieu des champs
et que les ouvriers préfèrent le séjour de la cam-

pagne aux jouissances frelatées et empoisonnées de la ville.

Ce système vient d'être appliqué en Angleterre sous une forme qui touche de bien près à la perfection. Il repose sur cette idée que les villes actuelles ont été construites au hasard, sans méthode, sans aucun sentiment de l'hygiène et que tout le mal vient de là; rien n'était plus facile, dit-on, que de concilier les nécessités de l'industrie avec le bien-être des ouvriers et la conservation du capital humain, et de réunir à la fois les avantages de la ville et ceux de la campagne, c'était de fonder les villes au milieu de la campagne et de les y maintenir. On le voit, la formule est très simple, tellement simple qu'elle en parait naïve et amène d'abord un petit sourire de scepticisme sur les lèvres. On ne peut s'empêcher de songer à ce prédicateur resté célèbre pour sa fameuse apostrophe : Admirez, mes frères, la Sagesse de la Providence qui a fait couler tant de fleuves superbes au milieu des grandes cités!

Ce qu'on propose aujourd'hui est bien autrement difficile et il semble tout d'abord qu'il n'y ait qu'un miracle qui soit capable d'opérer une pareille transformation. Mettre les villes à la campagne, c'est bientôt dit, mais ce n'est pas aussi facile à faire. Toutes les villes, mêmes les plus grandes, ont été autrefois à la campagne; Paris même, l'immense Paris, n'a été pendant des siècles qu'un vaste parc, presque une forêt, et on pourrait en dire autant de la plupart des capitales. C'est la force des choses qui avec le temps a serré de plus en plus la population, tout occupé et tout envahi pour permettre à la fourmilière industrielle de produire dans de meilleures conditions; c'est sans doute fâcheux, très fâcheux au point de vue hygiénique et même au point de vue du bonheur individuel, mais comment changer cela?

Rien de plus facile, s'écrient les réformateurs généreux qui ont entrepris de remettre le monde dans son moule primitif; ne touchons pas à ce qui est fait, soit, puisque c'est malheureusement impossible, mais faisons du nouveau et profitons de l'expérience acquise pour empêcher l'humanité de retomber dans son ornière meurtrière. Construisons des villes nouvelles dans des plaines inoccupées sur le plan idéal que nous commandent le bon sens, l'hygiène, l'amour de nos semblables et prenons, avant même de les construire, des mesures énergiques pour que jamais à aucun moment notre œuvre ne se trouve compromise par la volonté changeante des habitants; posons une barrière qu'ils ne pourront franchir en dressant un plan qui réserve autour de toutes les maisons, de tous les édifices, de toutes les usines, des espaces considérables de campagne auxquels personne ne pourra jamais toucher; noyons les

rues, les places dans une oasis d'arbres et de
fleurs qui conservera éternellement à nos villes
l aspect de la campagne et qui justifiera leur titre
de cités-jardins.

C'est ainsi que les cités-jardins sont venues au
monde; car elles sont aujourd'hui une réalité et il
en existe déjà quelques spécimens assez réussis
pour qu'on ne puisse plus traiter le système
d'utopie. On comprend que l'idée ait pris naissance
en Angleterre; elle y a rencontré un milieu d'éclosion des plus favorables, de vastes espaces, des
esprits hardis et entreprenants, et de grosses
fortunes qui peuvent se donner le luxe des entre-
prises les plus coûteuses.

III

Il paraît impossible, en effet, de trouver une
organisation plus complète, plus parfaite, de
l'industrie combinée avec la vie champêtre, que
celle qui a été récemment inaugurée et qui fonc-
tionne dans deux comtés anglais, à Port-Sunlight
et à Bourneville. Ces deux créations originales,
uniques dans leur genre, sont l'œuvre de deux
grands industriels anglais, aussi remarquables par
leur esprit pratique que par leur ardente philanthropie.

Le premier, M. Lever, est le plus grand fabri-

cant de savon du Royaume-Uni qui, après avoir
fait une colossale fortune, s'avisa un jour de
transplanter son industrie en rase campagne,
dans un site admirablement choisi et de construire de toutes pièces un village modèle, avec
des voies spacieuses et de jolis cottages d'aspect
artistique et très confortables; il enveloppa le
tout dans un flot de verdure et livra ensuite ce
paradis terrestre pour les prix les plus modestes
de location aux familles de ses ouvriers.

C'est également un très grand industriel,
M. Cadoury, fabricant de chocolat, qui a construit à
Bourneville un beau et élégant village où ses
ouvriers peuvent goûter tous les charmes de
la vie champêtre. Il faut lire sur la création
de ces deux Edens du travail le livre si intéressant, si attrayant et en même temps si précis,
si documenté de M. Benoit-Levy, l'apôtre français des cités-jardins, si on veut se faire une
idée exacte de ce vaste projet de transformation
de la vie industrielle moderne. Tous les ouvriers
qui liront ces pages teintées du plus beau rose,
seront pris de la nostalgie du grand air et ne
voudront plus s'enfermer dans les sales taudis
des villes où ils croupissent si tristement

Malheureusement il y a au paradis plus d'appelés que d'élus, et les deux magnifiques modèles
créés par le génie bienfaisant de deux grands
seigneurs de l'industrie anglaise restent encore à

l'état d'exception, même en Angleterre. De semblables créations ne sont pas à la portée de tout
le monde; elles ne sont possibles qu'à des industries très prospères, pouvant faire les énormes
avances de capitaux qu'elles exigent et en outre
payer de très forts salaires. Les renseignements
que nous donne M. Benoit-Levy sur le prix des
loyers à Port-Sunlight et à Bourneville nous
obligent à dire qu'ils sont relativement élevés et
de beaucoup supérieurs à ceux que pourrait
payer la masse des ouvriers des autres industries[1].

Nous convenons volontiers que ces tentatives
généreuses et désintéressées sont tout à fait
dignes d'éloges et nous nous garderons bien de
les décourager; il y a là un mouvement qui
mérite de fixer l'attention et qui suivra
son cours[2]. Il est aux mains d'hommes con-

1. Nous ne mentionnons que pour mémoire un projet plus
grandiose encore conçu par une société philanthropique et qui
est en ce moment en pleine voie d'exécution, celui de la construction à proximité de Londres et au milieu de la campagne
d'une grande cité-jardin, isolée de toute autre ville par des
champs et des bois, dont la population maximum sera de
30 000 habitants, où il sera interdit de bâtir dans un certain
rayon autour de la ville et où le nombre des maisons à construire
sera limité. Donc, point d'encombrement possible et chaque
habitant sera assuré de son cube d'air à perpétuité. Toute la
question est de savoir comment les habitants trouveront le
moyen de vivre et de gagner leur vie dans cette ville enchan-
tée; c'est ce que l'expérience seule pourra nous apprendre.
2. Un grand industriel français qui ne recule devant aucun

vaincus, énergiques, de véritables apôtres que
les difficultés ne rebutent pas; ils ont la foi qui
soulève les montagnes et personne ne peut dire
où ils s'arrêteront.

Si loin qu'ils aillent, il est permis cependant de
prédire que leur entreprise ne pourra pas dépasser les limites que lui assigne la force des
choses; elle sera forcément isolée, partielle, et
ne pourra jamais s'appliquer qu'à une très petite
portion de l'humanité. Heureux les mortels qui
pourront trouver place dans les nouvelles cités et
qui seront un sujet d'envie pour les martyrs des
grandes villes, mais combien seront-ils? Il ne faut
pas espérer que nos grandes industries vont
déménager du jour au lendemain pour se transporter dans ce nouveau paradis terrestre. Il
ne faut pas croire non plus que les établissements qui voudront s'installer dans les cités-
jardins sont tous assurés du succès et qu'ils
n'auront qu'à jouir de la douce quiétude de la
campagne. La bataille industrielle de nos jours
est autre chose qu'une idylle et pour remporter
la victoire il faut bien souvent se résigner à

progrès va, paraît-il, tenter en France un essai du même genre.
Quand nous aurons dit que cet industriel est M. Schneider, du
Creusot, nous n'étonnerons personne. Il n'y a peut-être pas deux
maisons en France qui pourraient oser ce qu'il a résolu : créer
sur les bords de la Seine, à Champagne-sur-Seine, une ville nouvelle, une cité jardin pour y installer une usine d'électricité et
loger 6000 ouvriers.

habiter des pays très désagréables et des centres
peu appétissants.

IV

Mais nous nous laissons entraîner trop loin à la
suite de M. Vandervelde et il est temps de revenir
à notre sujet que nous avons un peu perdu de
vue. Car ce que nous recherchons, ce n'est pas
une solution d'ordre purement industriel qui n'a
rien à voir avec la question qui nous occupe.
Il ne s'agit pas, en effet, de retenir les ouvriers
à l'usine, mais, ce qui est tout différent, de
ramener à la terre le trop plein des ouvriers de
l'usine.

Bien loin de résoudre le problème, M. Vandervelde le complique et l'aggrave, puisque les
avantages qu'il propose de faire aux ouvriers de
l'industrie sont une prime nouvelle donnée à
l'abandon de la terre par les travailleurs agricoles.

Il a laissé de côté la question capitale qui
dominait son sujet, il ne s'est préoccupé que du
domicile de l'ouvrier et il ne s'est pas demandé
si, avant de s'occuper de ses conditions d'habitation et de vie, il n'était pas temps de songer à
son travail lui-même et aux conséquences de la
révolution scientifique et économique qui tend à

réduire chaque jour le nombre des bras dans la grande industrie. Que va-t-on faire de ces bras inutiles, le jour où le travail industriel venant à faire défaut, il faudra leur découvrir un nouvel emploi? Est-il sage, est-il démocratique de laisser dans l'ombre une telle éventualité et de ne pas prendre, dès à présent, les mesures de précaution destinées à y parer?

Ceci dit, nous reconnaissons cependant qu'on pourrait tirer de la seconde solution préconisée par M. Vandervelde, en l'étendant et en la transformant, une combinaison de transition du travail industriel au travail agricole qui mériterait d'être prise en sérieuse considération et qui permettrait de résoudre, au moins en partie, la difficulté. C'est certainement un progrès au point de vue agricole, de faire de l'ouvrier d'usine, installé à la campagne, un demi-agriculteur; en cultivant son jardin et son petit champ, il prendra la notion et le goût de l'agriculture et sera ainsi plus en état, le jour venu, de passer d'un travail à l'autre.

Il peut aussi y avoir là, au point de vue industriel aussi bien qu'au point de vue agricole, une ressource précieuse, un moyen ingénieux de lutter contre la surproduction en facilitant dans certaines circonstances la pratique du chômage partiel quand l'état du marché le rend absolument nécessaire.

Il est bien peu d'industries aujourd'hui qui

n'aient pas ce qu'on appelle une morte-saison
pendant laquelle les commandes se ralentissent
ou s'arrêtent; si à ce moment le travail continue
à battre son plein, les stocks se forment insensiblement, finissent par devenir permanents et
provoquent bien souvent des crises interminables.

C'est à raison de cette situation toute particulière que notre législation a accordé à certaines
de ces industries, qu'on a qualifiées de saisonnières parce qu'elles sont plus que les autres sous
la dépendance des saisons, des facilités particulières de travail et le droit d'allonger la journée
de leurs ouvriers en dehors des heures légales,
quand les commandes abondent, ce qui permet
de la raccourcir quand elles s'arrêtent.

En dehors de ces industries spéciales dont le
nombre est limité, infiniment trop limité à notre
avis, il en est beaucoup d'autres et des plus importantes qui tendent à devenir saisonnières en
ce sens que leur clientèle devient de plus en plus
intermittente et irrégulière. Dans l'industrie de
la soie, du coton, du lin, dans la métallurgie
même il y a chaque année des périodes de grande
consommation et des périodes de langueur des
affaires. Quand les périodes de langueur durent
trop longtemps et que la fabrication continue son
train, l'engorgement se produit et la crise éclate
avec toutes ses conséquences, baisse générale
des prix, diminution des salaires et chômage.

On préviendrait ces conséquences désastreuses et on mettrait le marché des différentes industries en état d'équilibre stable et durable si l'on se décidait à donner à la réglementation des heures de travail plus de souplesse et d'élasticité, si l'on permettait aux patrons d'accord avec leurs ouvriers de prolonger ou d'abréger le travail quand la nécessité en serait démontrée. Mais, en dehors de ces facilités d'ordre législatif, il peut être nécessaire, à certains moments, pour dégager le marché, de pratiquer une opération plus décisive et d'entrer dans les voies du chômage partiel, quand il est le seul moyen de prévenir le chômage général.

Il arrive bien souvent que le chômage d'une journée par semaine ou même de deux journées s'impose comme une nécessité, une mesure de sauvetage indispensable. Mais comment concilier l'intérêt de l'ouvrier avec celui de l'industrie, comment assurer son existence en le privant d'une partie de son salaire? C'est ici qu'apparaît l'avantage incontestable du mélange de la combinaison agricole et de la combinaison industrielle que M. Vandervelde est le premier à approuver et à conseiller.

Quand l'ouvrier aura à proximité de l'usine un petit domaine rural que sa famille pourra l'aider à cultiver, il sera alors possible et facile de faire coïncider les périodes de chômage avec celles des travaux de la terre; il pourra même arriver que l'ouvrier ait plus d'intérêt à travailler à la terre qu'à l'usine et que le chômage lui rende service. Le chômage partiel pourrait ainsi avec le temps s'organiser régulièrement et devenir pour l'industrie une véritable soupape de sûreté.

Qu'on n'objecte pas que le système est inapplicable parce que les industriels des villes qui ne peuvent pas en faire bénéficier leurs ouvriers continueraient très probablement à travailler pendant que les industriels de la campagne chômeraient, ce qui mettrait ceux-ci dans un état de véritable infériorité : les premiers profiteraient de la réduction de la production et auraient tout le bénéfice du chômage sans participer à ses charges.

Ce serait parfaitement vrai s'il n'y avait pas un moyen de rétablir l'égalité entre les deux catégories d'industriels. Ce moyen est bien connu et il ne dépend que de l'entente commune des intéressés. Il consiste pour les établissements qui ne veulent pas ou ne peuvent pas chômer à payer à ceux qui chôment une prime de rachat qui compense pour ceux-ci la perte que leur fait subir le chômage. Dans la plupart des arrangements de chômage qui ont été faits au cours des dernières années le cas a toujours été prévu et réglé de cette façon à la satisfaction générale.

Cette évolution semi-industrielle, semi-agricole,

se fera d'elle-même quand on sera bien fixé sur l'orientation qu'on entend donner à la production française et quand l'ouvrier lui-même en aura compris la nécessité. M. Vandervelde qui prend volontiers ses désirs pour des réalités affirme hardiment que l'ouvrier de l'industrie ne voudra jamais revenir à la terre parce qu'il ne sait plus rien de l'agriculture et qu'il a tout désappris. Il oublie que l'ouvrier refera très vite son éducation agricole rien qu'en travaillant à son jardin et à son petit champ : l'amour de la terre lui remontera insensiblement au cœur et lui donnera plus d'une fois la nostalgie de la vie agricole. Si l'on ajoute à ces attractions la toute puissance du sentiment de la propriété individuelle qui a sa racine au plus profond de l'être humain, on en vient à se dire qu'avec un peu de bonne volonté et surtout d'esprit de suite rien ne sera plus facile que de reconstituer l'esprit rural et de lui donner avec le temps la prédominance sur l'engouement urbain.

CHAPITRE IX

MOUVEMENT AGRAIRE GÉNÉRAL

I

M. Vandervelde nous arrête par une autre objection d'apparence plus redoutable, la diminution du travail agricole lui-même par l'emploi des machines et la transformation des méthodes de culture. En agriculture comme en industrie, nous dit-il, la machine prend aussi progressivement la place de l'homme, chaque jour nous apporte un nouveau progrès et par conséquent une suppression correspondante de travail humain ; on recherche en même temps de préférence les modes

16

de culture qui exigent le moins de main-d'œuvre,
ce qui diminue encore le travail agricole disponible, et c'est dans ces conditions qu'on entre-
prendrait de pousser les malheureux ouvriers des
villes du côté de l'agriculture où l'encombrement
peut devenir si menaçant! c'est comme si on
voulait forcer un fleuve à remonter vers sa source.

L'argument n'est certes pas sans valeur, mais
il est facile d'y répondre. Et d'abord il y a une
grande différence, il y a plus qu'une différence,
il y a un abîme entre l'emploi des machines en
agriculture et en industrie. En industrie la machine est tout, elle peut, pour la fabrication
d'un produit, remplacer presque complètement
l'homme qui n'est plus, comme cela se voit déjà
aux États-Unis, qu'un simple surveillant; elle
se substitue aux bras et même à l'intelligence de
l'ouvrier.

En agriculture, au contraire, l'usage de la machine, si perfectionnée qu'elle soit, est tout autre;
nous croyons qu'on ne verra pas de longtemps des
machines capables de faire pousser toutes seules
le blé et les pommes de terre, pas plus que
les betteraves et que la vigne. La nature est
plus exigeante et elle demandera toujours à
l'homme, pour lui livrer ses trésors, une dépense
d'efforts personnels et d'intelligence que rien ne
pourra remplacer. C'est ce que l'honorable
M. Cheysson exprime excellemment dans la petite

brochure dont nous avons déjà parlé quand il dit :
« Le paysan est astreint au cycle saisonnier; il
ne peut improviser un chêne, une vigne, même
une rose, et forcé tour à tour, comme maître
Jacques, de labourer, de semer, de herser, de
faucher et de moissonner, il résiste à la division
du travail qui a transformé la grande industrie.
Au contraire, les manufactures emploient des
forces physico-chimiques qui sont dans la main
de l'industriel, peuvent indéfiniment et dans un
temps très court répéter le même acte et par conséquent permettent et appellent les grandes agglomérations autour des moteurs puissants. C'est
ainsi que la terre défend le travailleur rural
contre les dangers du surpeuplement qui est, au
contraire, la caractéristique la plus fâcheuse de
nos grandes cités. »

Ceci dit sur la limitation forcée de la puissance
des machines en agriculture, répondons d'un
mot à cette autre objection que la main-d'œuvre
agricole est en train de diminuer parce que l'industrie agricole se porte aujourd'hui plus particulièrement sur les modes de culture qui exigent
le moins de main-d'œuvre. Nous sommes surpris
que M. Vandervelde lui-même n'ait pas aperçu
que son raisonnement reposait sur une véritable
pétition de principes; si nos agriculteurs ont
ainsi transformé leurs habitudes anciennes et renoncé en partie aux cultures traditionnelles,

c'est précisément parce que l'exode rural, l'émigration des campagnes vers les villes les a pri-
vés de la main-d'œuvre indispensable pour les
continuer. C'est à regret qu'ils l'ont fait et beaucoup d'entre eux ne demanderaient pas mieux
que de revenir à leurs anciens assolements s'ils
trouvaient des ouvriers en quantité suffisante.

Tout le monde s'est jeté pendant la crise agricole du côté de la prairie et de l'élevage du bétail, mais beaucoup d'agriculteurs commencent
à se demander si l'on n'est pas allé trop loin dans
cette voie ; déjà pour soulager notre marché et
soutenir les cours nous sommes obligés de chercher pour notre bétail de choix des débouchés au
dehors. C'est fort bien, mais il ne faut pas oublier
qu'à l'étranger on fait aussi de grands efforts pour
constituer des races perfectionnées et les repro-
ducteurs que nous y envoyons aideront puissamment nos clients d'aujourd'hui à se passer un
jour de nous. Ce jour-là nous serons peut-être
bien heureux de revenir aux cultures anciennes.
Celle des céréales, où nous excellons, n'est pas à
son déclin si on en juge par ce qui se passe en ce
moment aux États-Unis qui ont été obligés l'année
dernière d'importer du blé étranger pour l'alimentation de leur énorme population.

Il est à espérer d'ailleurs que notre production
agricole prendra dans l'avenir un développement
en rapport avec les besoins de la consommation

qui sont indéfiniment extensibles; ici encore
nous rencontrons une différence fondamentale
entre l'agriculture et l'industrie. Comme nous
l'avons déjà dit, quand on est suffisamment
pourvu de vêtements, de linge, de mobilier, qu'on
est rassasié de confortable, on n'achète plus, et
on ne se laisse même pas tenter par le bon marché. Voilà pourquoi c'est une folie de dire aux
industriels : construisez toujours sans vous inquiéter de rien, au lieu de leur dire : prenez
garde, ne construisez que dans la mesure des besoins du marché, sans quoi vous allez à la ruine.

Il n'en est pas de même pour les produits alimentaires; il n'est pas douteux qu'il y a pour eux
dans le monde une marge de consommation bien
autrement large. Si l'ouvrier et même l'agriculteur sont aujourd'hui mieux vêtus et mieux
logés qu'autrefois, il s'en faut de beaucoup qu'ils
soient aussi bien nourris. Dans les grandes villes
et dans les grandes agglomérations où il faudrait
aux travailleurs une nourriture de choix pour
combattre l'influence du milieu délétère et ané-
miant, l'alimentation laisse trop souvent à désirer.
On pourrait en dire autant de certaines campagnes où la misère est à l'état endémique; y a-
t-il une existence plus malheureuse que celle de
ces grandes familles de paysans et de pêcheurs
bretons si souvent condamnées à de véritables
famines !

L'effort social qui s'impose aujourd'hui doit
consister à faire pour la nourriture des masses
laborieuses ce qu'on a déjà fait pour leur
vêtement et leur habitation; d'où la nécessité de pousser à la production agricole, surtout
à celle qui intéresse les petits ménages, qui est
en même temps celle qui donne le plus de main-
d'œuvre. Quand les travailleurs des villes et
des campagnes mangeront plus de pain, plus de
viande, plus de légumes, plus de fromage, plus
de fruits, il faudra bien que la terre, elle aussi,
travaille davantage et qu'elle emploie plus de
bras; personne ne peut se faire une idée de
l'énorme quantité de produits qui pourront être
absorbés par l'espèce humaine.

II

C'est ainsi que nous comprenons l'avenir de
l'humanité laborieuse; car la question qui se pose
en France se pose également un peu partout et
partout on arrive par la force des choses aux
mêmes conclusions et à l'emploi de la même
méthode.

L'appel à la terre retentit d'un bout du monde
à l'autre et nous ne faisons que traduire le sentiment qui s'agite confusément au fond de la

conscience universelle en lui donnant une forme
plus précise et en essayant d'établir par des faits
et des chiffres que c'est bien de ce côté qu'il faut
diriger l'humanité si on veut lui épargner de
cruelles souffrances et de violentes convulsions.

Cette poussée agricole générale ne s'explique
pas seulement par des raisons économiques, par
le besoin d'ouvrir de nouvelles sources de travail aux populations laborieuses; elle tient à une
cause plus profonde encore, à l'instinct de conservation qui mène les peuples comme les individus, et qui leur donne le pressentiment de certains dangers. Or, est-il un danger plus grand
pour une nation que celui d'être entre les mains
de l'étranger et à sa merci pour son alimentation? C'est la situation de l'Angleterre et elle n'a
rien d'enviable; elle est pour ce grand pays, si
fort et si puissant, un sujet d'angoisses conti-
nuelles et trop justifiées; s'il se trouvait jamais
engagé dans une grande guerre, il suffirait du
moindre accident, de la moindre surprise mari-
time pour compromettre ses approvisionnements
et affamer son immense population. Sans pousser
les choses au noir, il est en tous cas dès à présent certain que, le jour même de la déclaration de guerre, les vivres monteraient en Angleterre à des prix excessifs qui créeraient au
gouvernement les plus grands embarras inté-

rieurs[1]. Il y a là pour elle un terrible inconnu et on comprend aisément que les autres gouvernements de l'Europe qui voient cela ne veuillent pas s'exposer au même danger.

C'est pour ce motif qu'ils se tournent maintenant du côté de leur agriculture et lui prodiguent les encouragements et les subventions. L'industrie agricole leur apparaît maintenant comme un élément essentiel de la défense nationale, indispensable pour faire vivre le grand camp retranché que doit devenir chaque nation en cas de guerre. Ils n'ignorent pas non plus que c'est l'agriculture qui leur fournit la plus forte partie de leurs armées, la plus vigoureuse, la plus résistante et que le jour où ce grand réservoir d'hommes s'appauvrit on voit baisser du même coup la puissance militaire de la nation.

1. La situation de l'Angleterre n'a pas cessé de s'aggraver à ce point de vue depuis cinquante ans. Ses importations de céréales, qui n'étaient que de 83 millions de quintaux anglais en 1871, ont atteint, en 1901, 196 millions de quintaux; le blé seul y entre pour 69 millions au lieu de 39. Pour la viande, la situation est la même; les importations d'animaux vivants ont passé pour les bêtes à corne de 248 000 têtes en 1871 à 495 000 en 1902. A ces importations, il faut ajouter celles des viandes conservées, qui se sont élevées de 2 millions et demi de quintaux en 1871 à 20 millions en 1902. C'est ainsi que l'abandon de l'agriculture force l'Angleterre, qui, il y a vingt ans dépensait déjà 146 millions de livres sterling pour sa nourriture, à dépenser aujourd'hui 214 millions de livres, soit plus de 6 milliards de francs. Qu'on compare cette situation à celle de la France, qui aujourd'hui ne paie plus rien à l'étranger pour son alimentation et qui touche même de lui un supplément pour ses exportations.

Aussi, de quelque côté qu'on porte ses regards, on découvre une réaction prononcée des gouvernements et des parlements en faveur de l'agriculture, qui prend de telles proportions qu'on ne saurait la considérer comme un pur accident. Elle ressemble à une de ces .lames de fond qui soulèvent à certaines époques l'océan humain et qui brisent tous les obstacles.

L'idée est déjà en marche dans un pays voisin du nôtre : si on y regarde de près, en effet, et si on va au fond des choses, la grande révolution économique poursuivie par M. Chamberlain avec une si haute maîtrise et une tenacité de conviction que rien ne décourage, n'est pas autre chose qu'un retour à l'agriculture dont l'Angleterre a fait si bon marché depuis un demi-siècle. Oh! sans doute, le grand réformateur ne proclame pas cette vérité dogmatiquement, pour ne pas effaroucher les oreilles du monde industriel et surtout celles des économistes orthodoxes; il ne propose pas de ressusciter et de reconstituer de toutes pièces l'agriculture anglaise, considérant sans doute que ce serait trop difficile et qu'il est peut-être un peu tard pour le tenter.

Il a conçu un autre rêve, c'est de diviser le grand Empire britannique en deux parties consacrées presque exclusivement, l'une à l'industrie, l'autre à l'agriculture. Partant de là, il tient aux

grandes colonies agricoles comme le Canada,
l'Australie, les possessions africaines, un langage
qui est d'une parfaite clarté : « Profitez, leur dit-
il, de la leçon de choses qui nous coûte si cher et,
au lieu d'appliquer votre activité à l'industrie qui
meurt de pléthore, portez-la tout entière sur le
point encore libre où elle est sûre d'être féconde
et où vous trouverez la richesse et la sécurité du
lendemain, sur l'agriculture. Si vous faites cela,
je vous offre pour le placement de vos produits
naturels le plus magnifique marché du monde, le
marché anglais avec son immense population
ouvrière qui est un réservoir inépuisable de consommateurs. En retour des denrées que nous vous
achèterons, nous vous enverrons nos produits
manufacturés ; le Royaume-Uni sera l'atelier,
vous, vous serez le champ, le jardin, et l'équilibre sera ainsi rétabli entre la production et la
consommation dans le grand Empire britannique,
devenu le parfait modèle de la vraie répartition
du travail et des forces humaines. »

Certes ce plan grandiose est loin d'être parfait
et il se heurtera dans son application à d'innombrables difficultés[1], peut-être même à des im-

1. Le point faible du système est facile à apercevoir. Il repose
sur une illusion, qui est de croire que les grandes Colonies Anglaises, comme le Canada, vont s'arrêter dans leur mouvement
économique et renoncer à faire de l'industrie pour leur compte,
en se résignant à devenir tributaires de la métropole pour les
produits manufacturés. Il est fort probable qu'elles feront le

possibilités qu'on peut apercevoir dès à présent,
mais on ne saurait contester sa rigueur logique
et la justesse du point de vue sur lequel il repose.
Le principal mérite de M. Chamberlain aura été
d'apercevoir, avec une grande lucidité de vue,
les écueils lointains sur lesquels peut se briser le
navire qui porte la fortune de son pays et de dire
tout haut ce que d'autres pensaient tout bas. Il
ne se fait plus d'illusion sur ce qu'on appelait
autrefois orgueilleusement la suprématie industrielle de la grande Angleterre.

Ce qui fait la force du grand homme d'État anglais, c'est la sécurité qu'il promet aux intérêts
alarmés et anxieux du lendemain en remplaçant
les marchés étrangers qui leur échappent par le
marché anglais élargi et déblayé. Quelle satisfaction pour la fierté anglaise de pouvoir se dire:
désormais nous allons, nous aussi, nous passer
des autres et rester chez nous. Nous avons un
empire assez vaste pour nous fournir la clientèle
dont nous avons besoin et nos ouvriers sont

contraire et se retrancheront derrière la barrière douanière qu'on
élèvera contre les produits étrangers pour développer leurs
industries nationales. Le mouvement se dessine déjà dans ce
sens. Un groupe de capitalistes Canadiens vient de constituer un
syndicat pour la création d'une vaste usine de ferblanterie; afin
de faire concurrence aux industriels du pays de Galles, qui, en
ce moment approvisionnent le Canada, les fondateurs du nouvel
établissement ont demandé au Gouvernement Canadien de mettre
un droit de douane sur la ferblanterie, et ils ont reçu l'assurance que le droit serait établi. Ce sera un coup mortel pour la
ferblanterie du pays de Galles.

sûrs, désormais, de ne pas manquer de travail ;
il y a dans le monde plus de consommateurs
anglais qu'il n'en faut pour absorber toute la production nationale.

De leur côté, les agriculteurs anglais, si longtemps délaissés et méprisés, se remettent à espérer à la pensée qu'ils auront aussi leur part de
ce grand mouvement de retour à la production
agricole et qu'ils pourront, grâce à des prix plus
rémunérateurs, reprendre les cultures abandonnées ; ils se disent que demain le vent qui souf-
flera peut ramener dans les campagnes les bras
qui leur manquent et que les ouvriers seront trop
heureux de demander à la terre une existence
moins misérable que celle des grandes cités.

Voilà pourquoi M. Chamberlain est devenu à la
fois l'idole des campagnes et d'un grand nombre
d'ouvriers qui font bon marché des doctrines de
leur enfance, quand ils se trouvent en face des
réalités tangibles, et qu'on leur donne à choisir
entre la certitude de vivre en travaillant sur la
terre anglaise et l'émigration qui n'est qu'un exil
déguisé.

Ce serait, du reste, une erreur de croire que
l'Angleterre seule est en proie à cette fermentation
inconsciente des masses laborieuses qui les pousse, par l'instinct de la conservation, à chercher
de nouveaux horizons, et à s'éloigner de la four-
naise industrielle où on brûle sa vie en un instant

pour se rapprocher des régions tempérées où l'on respire à pleins poumons et où l'on est heureux à bon marché. L'Allemagne, elle-même, malgré la fièvre industrielle qui la dévore depuis une vingtaine d'années, commence à entrer dans le courant nouveau, et le mouvement agrarien qui se dessine de plus en plus chez elle a des causes profondes qui en expliquent la puissance. Ceux qui le jugent superficiellement et qui affectent de le mépriser pour en diminuer l'importance croient en avoir raison en dénaturant son caractère et en le présentant comme une simple coalition de grands propriétaires avides et désireux de relever à tout prix la rente de la terre.

S'il en était ainsi, la ligue agraire allemande ne serait pas redoutable, et on ne comprendrait pas l'influence énorme qu'elle exerce sur l'opinion et les pouvoirs publics. Cette influence ne s'explique que par le courant souterrain qui porte l'idée et qui la fait pénétrer dans les couches profondes de la population. La race allemande a l'esprit aussi pratique que la race anglaise, et les immenses succès industriels qu'elle a remportés depuis trente années ne l'enivrent pas au point de lui faire perdre le sens des réalités. Elle est avertie, par des symptômes qui ne trompent pas, qu'elle touche, comme autrefois l'Angleterre, à l'apogée de sa puissance industrielle, et elle commence aussi à se préoccuper du lendemain. Après

une ère de prospérité incomparable qui a duré
jusqu'en 1901, elle s'est vue jetée, par l'excès
même de sa production et de son expansion économique, dans une crise qui a failli dégénérer
en un véritable krach. Elle a pu en sortir à force
d'énergie et de discipline, et parce que les industries menacées n'ont pas fait comme dans d'autres pays où l'on s'entre-dévore d'autant plus qu'on
est plus malheureux; elles se sont rapprochées
et entendues pour empêcher le marché de s'ef-
fondrer et pour écouler le trop-plein de leur
production au dehors.

Aujourd'hui, le danger immédiat est passé,
mais tout le monde a le sentiment vague qu'il
peut renaître et que l'Allemagne est exposée à se
trouver à brève échéance dans la même situation
que l'Angleterre. Elle est destinée à voir aussi ses
débouchés industriels se restreindre, pendant que
sa production ne cesse d'augmenter, et elle n'a
pas la ressource, comme l'Angleterre, de se
replier sur ses colonies, puisque sa politique a
consisté jusqu'à ce jour à en avoir le moins possible
et à exploiter celles des autres.

Que fera-t-elle alors de son énorme population
ouvrière qui commence déjà à refluer de partout?
Il y a bien l'émigration qui, en Allemagne, fonc-
tionne à jet continu, et qui permet de se débarrasser chaque année des bouches et des bras inutiles. Mais l'émigration est moins un remède

qu'une arme à deux tranchants, et les grands pays
d'Europe, qui l'ont favorisée avec tant de complaisance pour se débarrasser d'un souci pesant, doivent commencer à s'apercevoir qu'elle va contre
son but et qu'elle est tout à l'avantage de l'étranger. Ce sont les émigrants anglais, allemands et
italiens, qui ont fait la fortune des États-Unis,
comme ils sont en train de faire celle du Brésil,
du Mexique, de la République Argentine. Ce sont
eux qui ont donné à l'industrie naissante de ces
pays les cadres et l'état-major qui leur permettent
aujourd'hui de commencer la lutte industrielle
contre leurs pays d'origine. Plus on continuera
dans cette voie, plus il en sera ainsi.

Les grands mouvements d'émigration vers les
pays neufs commencent d'ailleurs à s'épuiser
d'eux-mêmes, et ils ne suffiront pas indéfiniment
à absorber le trop-plein de la population ouvrière
européenne par la raison bien simple que le
monde a des limites et que les bonnes places
sont prises un peu partout[1]. Il faut donc imaginer

1. Il résulte d'un rapport récent du Consul général d'Autriche
à New-York que, malgré la grande réduction du prix des pas-
sages, le nombre des émigrants Européens à destination des
États-Unis diminue sensiblement. Du 1er avril au 29 juillet de
l'année dernière, les Compagnies de navigation n'ont enregistré
que 427 000 passagers, en regard de 568 000 pour la même période de 1903. D'un autre côté, le nombre des émigrés qui quittent l'Amérique pour regagner leur pays natal s'accroît de jour
en jour. Ainsi voilà maintenant le reflux de la main-d'œuvre qui
commence à se porter sur l'Europe elle-même et l'Amérique
nous renvoie son trop-plein; qu'en ferons-nous?

autre chose, et c'est ainsi que l'Allemagne se
trouve ramenée à la source initiale et inépuisable
du travail humain, l'agriculture. Son gouvernement qui a tant favorisé l'industrie s'aperçoit
qu'il a été trop loin dans cette voie et il fait
aujourd'hui machine en arrière. Les nouveaux
traités de commerce qu'il vient de passer avec
les principales nations de l'Europe sont le
triomphe de l'agriculture et consacrent la victoire du parti agrarien; ce qui les caractérise,
c'est le relèvement des droits de douane sur
le blé et sur les principaux produits agricoles.

Dans les premières discussions qui se sont en-
gagées à ce sujet dans le Reichstag, le gouvernement allemand a nettement pris position de ce
côté et déclaré que c'était sciemment qu'il travaillait au relèvement de l'agriculture. Le ministre
des finances, baron de Richthoffer, a rappelé que
les chambres d'agriculture avaient fait ressortir à
l'unanimité la nécessité de protéger l'agriculture
allemande par des droits de douane dans l'intérêt
des petits agriculteurs. Il a fait remarquer que,
dans les dernières années, le commerce et l'industrie se sont développés tandis que le nombre
des ouvriers agricoles a diminué de 400 000 en
dix ans. Le but de la nouvelle politique douanière
de l'Allemagne s'affirme donc très nettement et
peut se résumer d'un mot, le retour à la terre
d'une partie des masses laborieuses.

Ce que nous disons de l'Allemagne, nous pourrions le dire de l'Italie. Celle-ci a pris, depuis quelques années, un développement industriel extraordinaire, et elle en a retiré une recrudescence d'activité qui lui a valu une situation des plus florissantes; mais sa fortune nouvelle ne lui fait pas perdre de vue les incertitudes de l'avenir, et les difficultés considérables qu'elle rencontre pour ouvrir des débouchés à sa production grandissante l'avertissent des dangers qui la menacent si elle ne sait pas se modérer. Ce qui la sauvera des tentations de la mégalomanie, c'est qu'elle a eu le bon esprit de faire marcher du même pas son agriculture et son industrie, et de travailler au développement de la première comme si elle était sa seule ressource. Elle cherche de plus en plus à devenir le jardin de l'Europe, et aucune nation n'a organisé son exportation de produits agricoles avec plus de soin et d'esprit pratique; sur ce point nous ferons bien de la prendre pour modèle[1].

Il est juste de dire que ses hommes d'État, qui sont pour la plupart des hommes d'affaires con-

---

1. La direction de la *Statistique Italienne* vient de publier relativement à la production agricole annuelle de l'Italie une étude basée sur les résultats des vingt dernières années (1883-1903). Elle donne en moyenne un total de 4 milliards 910 millions de lires, pour les grands produits agricoles (céréales, vin, pommes de terre, bois, bétail, etc.), sans compter les fruits, légumes, volailles, œufs, fleurs dont l'exportation seule représente déjà 150 millions.

17

sommés, ont toujours les yeux fixés sur la campagne italienne, et cherchent par tous les moyens
possibles à la mettre en valeur. Ils sont puissamment secondés par le roi Victor-Emmanuel III lui-
même, qui dès les premiers jours de son règne
s'est révélé comme un des plus fervents défenseurs de l'agriculture. Il vient d'affirmer ses sentiments pour elle de la façon la plus éclatante, en
prenant l'initiative d'une mesure des plus heureuses. La création d'un Institut international
chargé d'étudier et de résoudre les questions qui,
dans tous les pays, préoccupent et intéressent les
populations agricoles restera comme un événement considérable de l'histoire de l'agriculture.
Il serait difficile de dire d'avance ce qui sortira de
l'institution nouvelle, mais elle constitue, dès à
présent, à n'en pas douter, un instrument d'une
extrême puissance aux mains des agriculteurs.
Elle donnera un centre au parti agrarien de tous
les pays et en particulier au parti agrarien d'Italie
qui compte dans son sein tant d'hommes de haute
valeur.

Le malaise économique général que nous venons
de constater, le défaut de proportion qui existe
entre la production industrielle et la production
agricole est, il faut bien le dire, particulier à
l'Europe; le nouveau monde ne souffre pas encore
de notre maladie et s'il profite de la leçon que
nous recevons il n'en souffrira peut-être jamais.

La production agricole reste encore la note dominante au Canada, au Mexique, au Brésil, à la
République Argentine, dans ces pays bénis du
ciel qui ont à leur disposition d'immenses espaces
de terres riches, et leur industrie naissante a encore de la marge devant elle avant de dépasser
les besoins de la consommation.

Restent les États-Unis qui, au premier abord,
semblent plus en danger que les nations Européennes parce que la production industrielle a pris
chez eux des proportions gigantesques dépassant
de beaucoup les ressources de la consommation
intérieure et qu'ils sont comme l'Angleterre à la
veille de manquer de débouchés; le danger paraît
même plus grand pour eux à raison de leur fougue,
de leur élan que rien ne paraît capable d'arrêter.

Mais il suffit de regarder leur situation d'un peu
près pour être tout de suite rassurés sur leur
compte; ils peuvent ruiner tout le monde, mais ils
ne peuvent jamais se ruiner, parce que l'agriculture reste toujours chez eux à l'état de soupape
de sûreté et qu'ils se sont bien gardés comme
l'Angleterre de la sacrifier à l'industrie. Ils font
marcher de front les deux branches de production
et leur gouvernement a la sagesse de n'en négliger
aucune. Aussi est-ce peut-être à l'heure qu'il est le
seul pays, avec la France et la Russie, capable
d'évoluer dans tous les sens et d'adapter à volonté
les conditions de sa production aux nécessités de

la révolution économique que nous traversons et qui menace tous les autres, excepté eux.

Il n'est pas possible de diriger leur activité dévorante avec plus d'intelligence qu'ils ne l'ont fait. Ils ont commencé par porter tout leur effort sur la mise en valeur de leur sol et sur le développement de leur agriculture, comprenant que là était la source inépuisable de toute richesse et le fondement inébranlable de leur fortune.

Leurs progrès agricoles ont été au début tellement rapides, tellement extraordinaires, qu'on a pu croire un instant que leur intention était de submerger le monde de leurs produits, de le nourrir seuls et d'écraser l'agriculture universelle. A ce moment l'Europe prit peur et se hâta d'élever fébrilement une barrière douanière capable d'arrêter le flot de l'envahisseur.

L'Américain comprit tout de suite et ne s'obstina pas ; avec cette rapidité de conception et d'exécution qui le caractérise, il changea immédiatement son fusil d'épaule et, laissant reposer pour un instant ses ambitions agricoles, il se jeta éperdument dans la production industrielle. Nous avons dit comment en moins d'un quart de siècle les États-Unis étaient arrivés, de tributaires qu'ils étaient de l'industrie européenne, à se suffire d'abord à eux-mêmes, puis à prendre l'offensive en devenant à leur tour un des plus puissants, des plus redoutables exportateurs ; leur balance du

Commerce est la première du monde et on se demande jusqu'où ils pourront aller.

En ce moment rien ne semble capable de les arrêter et ils sont lancés dans l'espace comme un boulet de canon; aussi leur ambition industrielle commence-t-elle à éveiller un peu partout des inquiétudes et des défiances comme autrefois leurs ambitions agricoles et il ne paraît guère douteux que l'ère des difficultés va commencer pour eux.

Le moyen ingénieux qu'ils ont imaginé pour franchir la barrière douanière des pays protectionnistes, le système des trusts, commence à s'user; déjà l'Allemagne leur a opposé celui des cartels qui ne sont que des contre-trusts; le Canada, plus hardi et plus logique, leur oppose des droits différentiels correspondant aux avantages du trust et il est à prévoir que les autres pays recourront à des moyens analogues pour ne pas être écrasés. Avec leur flair divinatoire les Yankees sentent venir la tempête du côté de l'Europe et ils commencent à se garer en se rejetant sur l'Asie où ils ont déjà pris solidement pied et dont ils espèrent bien faire leur proie le jour où le Canal de Panama aura mis toutes les parties de la grande République en communication directe avec cet immense marché.

Mais alors ils vont se heurter à l'Angleterre, à l'Allemagne et surtout au Japon que rien n'arrêtera plus dans son expansion que les États-Unis

eux-mêmes ont si aveuglément favorisée. Qu'arri-
vera-t-il de ce choc formidable d'ambitions rivales
et insatiables? Verrons-nous un jour en pleine
civilisation cette lutte pour la suprématie commerciale dégénérer en conflits sanglants et en
conflagration générale? La chose n'a rien d'impossible, si invraisemblable qu'elle soit; la production universelle a pris de telles proportions,
elle a créé de tels besoins, elle impose à
chaque nation de telles nécessités que, si elle
s'arrêtait un seul instant quelque part, ce serait
la famine pour les populations qui en vivent, et
on comprend aisément que les gouvernements
n'ayant plus à choisir qu'entre la guerre sociale
provoquée par la révolte de la faim et la guerre
extérieure choisissent celle-ci avec l'espoir d'être
victorieux.

Il faut encore espérer qu'une pareille folie sera
épargnée aux nations civilisées et que les peuples
sauront faire entendre à leurs gouvernements,
pour l'empêcher, la voix de la sagesse.

Il y a place au soleil pour tout le monde, à une
condition, c'est de ne pas se ruer tous sur les
mêmes points. La production industrielle a dépassé presque partout la mesure et le moment
est venu de la ramener dans ses bornes naturelles.
La production agricole au contraire a été négligée
et reléguée au second plan dans la plupart des
pays où a sévi la fièvre industrielle. Il est temps

de revenir à la vérité économique et de rétablir l'équilibre des forces productrices compromis et faussé.

Le premier peuple qui peut donner le bon exemple et entrer dans les voies nouvelles est certainement celui des États-Unis; il n'en est pas qui soit en meilleure posture que lui pour opérer son évolution. Il a l'avantage inappréciable d'avoir à sa disposition la plus belle usine agricole du monde, des espaces immenses, des terres merveilleuses qui peuvent faire vivre et enrichir les nouvelles couches de population qui arrivent sans cesse à la vie. Il y a là une fourmilière de consommateurs qui suffira à absorber la plus grande partie de la production agricole. La preuve qu'elle a bon appétit, c'est que cette année elle a failli manquer de pain et a été obligée d'emprunter du blé à son riche voisin du Canada, un pays qui avant peu aussi fera parler de lui, si l'on en juge par son développement des dernières années.

Il faut, du reste, rendre cette justice au gouvernement des États-Unis qu'il a de tout temps, avec beaucoup d'intelligence et de persévérance, travaillé au progrès de l'agriculture et qu'il n'a rien épargné pour la mettre sur le même pied que l'industrie; instruit par l'expérience il s'est bien gardé d'imiter l'Angleterre qui s'aperçoit seulement aujourd'hui que la grande crise qu'elle traverse a pour cause principale cette rupture d'équilibre entre deux branches de travail solidaires l'une de l'autre.

Ce que les États-Unis ont fait et font tous les jours pour leur agriculture prouve du reste mieux que tous les raisonnements leur clairvoyance et leur vigilance. Pendant que leur industrie prenait un essor tellement formidable qu'on ne voyait plus qu'elle, et qu'elle semblait tout absorber, le Département de l'agriculture déployait une activité prodigieuse pour organiser scientifiquement la production agricole et la préparer à ses destinées futures. Il empruntait à l'Europe toutes les méthodes nouvelles, les appliquait et les perfectionnait; il donnait surtout à l'enseignement qui est la clef de voûte de l'édifice une extension pratique que personne n'a égalée en Europe[1].

Les possibilités de développement agricole des États-Unis sont infinies et nous ne sommes qu'au début de son expansion future. Un grand journal de New-York publiait récemment l'opinion d'un spécialiste d'une grande notoriété, le doc-

---

1. Rien ne peut donner une plus juste idée du développement de l'agriculture aux États-Unis, que l'extension de la culture des fruits. Après avoir suffi à son énorme consommation intérieure, elle trouve le moyen d'expédier à l'étranger pour plus de 2 millions de dollars de pommes sèches, de 4 millions de dollars de pommes fraîches, 713 000 dollars d'abricots séchés, 465 000 dollars d'oranges, 3 millions de dollars de prunes, 4 millions de fruits divers, 1 800 000 dollars de fruits de conserve, soit en tout 17 millions de dollars ou environ 89 millions de francs.

teur Crowel, de Washington, sur l'avenir de la
production du blé qui tient une si grande place
dans l'agriculture Américaine. Cette branche de
production, qui semble en ce moment stationnaire,
peut, de l'avis du docteur Crowel, s'étendre démesurément quand la nécessité s'en fera sentir.

Concentrée aujourd'hui dans le nord-ouest, elle
n'aura qu'à gagner le sud-ouest, les états d'Ar-
kansas, d'Oklahoma, les territoires indiens et le
Texas où il y a encore plus de 130 millions d'acres
à livrer à la culture. Si on y ajoute le Nébraska,
dont les terres sont d'une fertilité extraordinaire,
on pourrait augmenter la production du blé d'un
milliard de bushels, soit de 343 millions d'hectolitres. M. Crowel estime qu'on arriverait aisément
à ce résultat en moins de dix années, ce qui donnerait 34 millions d'hectolitres d'augmentation
par an, soit 60 pour 100 sur la production actuelle
qui est en moyenne de 217 millions d'hectolitres.
Si l'on considère que la population des États-Unis
n'augmente guère que de 2 pour 100 par an, on
voit la marge énorme qui reste à ce grand pays
quand il voudra reprendre ses exportations agricoles.

Le jour est proche où il va recueillir la récom-
pense de son long effort et de tous ses sacrifices
pour le maintien de sa puissance agricole; il peut
maintenant braver la tempête qui menace son industrie surchauffée à l'excès et enrayer son mou-

vement ascendant qui finirait par provoquer contre lui la coalition de toutes les nations menacées dans leur existence industrielle. Il a heureusement un port de refuge tout préparé, qui lui permettra, quand il le voudra, de trouver sa ligue de retraite.

Il n'aura pour cela qu'à revenir à sa tradition première et à reporter l'énergie laborieuse de sa population sur le terrain agricole, moins fécond sans doute que l'autre, mais plus solide et plus durable. Les États-Unis peuvent donc envisager l'avenir avec plus de sérénité que personne, à une condition cependant, c'est qu'ils ne se laissent pas griser par leurs succès et qu'ils n'aient pas la prétention de dominer le monde. L'impérialisme serait tout aussi dangereux pour eux que l'impérialisme anglais ou le pangermanisme pour l'Angleterre et l'Allemagne.

CHAPITRE X

LA TERRE AUX COLONIES
ET LE SOCIALISME AGRAIRE

I

Après les États-Unis, c'est certainement la France
qui vient la première parmi les grandes nations
industrielles pour la pondération des forces économiques et l'égale répartition de son activité
entre l'industrie et l'agriculture. Comme les États-
Unis, elle peut, quand elle le voudra, quand la

nécessité s'en fera sentir, opérer sa conversion
du côté agricole en modérant son expansion
industrielle. Elle a sous la main tout ce qu'il
faut pour cela, un sol admirable par sa fécondité
et un climat qui se prête à la variété infinie des
productions; elle peut devenir un grand jardin
aussi bien qu'un champ, multiplier et transformer
à volonté ses modes de culture, selon les exigences de la consommation intérieure et extérieure.

Il est vrai qu'elle a ce grand désavantage sur
les pays neufs, comme les États-Unis ou le Canada,
qu'elle ne dispose pas comme eux d'immenses
espaces encore inoccupés et de terres vierges qui
n'attendent que la main de l'homme pour lui livrer
le trésor de leur fécondité accumulée; notre terre
de France retournée et fouillée depuis des siècles
est presque tout entière occupée et il semble
qu'il n'y ait plus de place pour de nouveaux venus. Il suffit cependant d'y regarder d'un peu
près pour s'apercevoir que c'est là un trompe-
l'œil et qu'il reste encore un vaste champ d'action
et un réservoir de travail considérable pour les
bras et les intelligences qui voudront se porter du
côté de l'agriculture.

Il y a d'abord les terres en friche, les landes, pâtis, terrains abandonnés qui représentent
encore plusieurs millions d'hectares dont la plus
grande partie pourrait être mise en valeur si on
le voulait; ce qui le prouve péremptoirement,

c'est que chaque année on défriche une petite partie de ces terrains incultes qui rentrent ainsi dans la circulation. Ces défrichements ne sont malheureusement que la compensation de l'opération contraire qui se pratique depuis quelques années sur une assez grande échelle et qui consiste à reboiser les terrains situés loin des centres d'habitation parce qu'ils ne trouvent plus preneurs et qu'il faut bien les utiliser autrement.

Nous avons d'ailleurs d'autres raisons de nous rassurer. Le retour à la terre aura le grand avantage de refouler insensiblement cette masse d'ouvriers étrangers dont le flot va grossissant depuis vingt ans et qui chaque année inondent comme une véritable armée d'invasion nos départements du Nord, du Centre et du Midi, pour leur fournir la main-d'œuvre agricole qui leur manque. Sans eux certaines cultures seraient impossibles et ils ont empêché la crise agricole de tourner au désastre.

Cette question des ouvriers étrangers a été étudiée et creusée avec le plus grand soin et une précision remarquable pour le département de Seine-et-Marne, par deux agronomes éminents, M. Jules Bénard et M. Brandin, tous deux membres de la Société Nationale d'agriculture. L'un et l'autre ont procédé à une enquête minutieuse, le premier dans l'arrondissement de Meaux et le second dans celui de Melun.

Ces recherches faisaient suite à une grande

enquête ordonnée par le gouvernement belge et qui a établi que plus de 45 000 Belges se livraient en France aux travaux agricoles, soit d'une façon permanente, soit d'une façon temporaire. Aux Belges, il faudrait ajouter les Suisses, les Allemands, les Italiens, etc. Dans le seul arrondissement de Meaux, M. Bénard a recensé plus de 4000 étrangers employés annuellement à titre temporaire. Pour l'arrondissement de Melun, M. Brandin évalue l'immigration belge et suisse à 2500 personnes dont 1200 sédentaires et 1300 qui ne séjournent que six mois de l'année[1].

Il y a donc de ce côté un réservoir de travail énorme et pour longtemps inépuisable : qu'on fasse le compte de la quantité de main-d'œuvre représentée par cette importation de bras étrangers et des sommes considérables qui sortent ainsi de France, qu'on la transforme en journées d'ouvriers, et on verra quel formidable appoint elle pourrait fournir au travail national le jour où les ouvriers français se décideraient à faire la besogne des étrangers.

Qu'on n'objecte pas que ce n'est là en général qu'un travail intermittent et supplémentaire qui ne suffirait pas à nourrir son homme; nous pourrions répondre qu'il est aussi intermittent pour les ouvriers étrangers et que ceux-ci ont d'autres

1. *Journal de l'Agriculture* des 21 et 28 janvier 1905.

occupations chez eux que rien n'empêcherait les nôtres de chercher. La plupart des étrangers ont en effet dans leur pays une petite culture qui fait vivre leur famille et ils réalisent ainsi l'idéal que nous rêvons pour l'ouvrier agricole français : un petit propriétaire travaillant pour son compte et louant ses bras à autrui pour augmenter ses bénéfices.

Donc il y a, quoi qu'on en dise, dans notre production agricole de grands vides de main-d'œuvre à combler et il dépend des ouvriers français de les combler quand ils le voudront, c'est-à-dire quand ils comprendront mieux les avantages de la vie à la campagne.

Rien ne serait plus facile du reste que d'étendre le champ d'activité des ouvriers agricoles français; il suffirait de les appliquer aux modes de culture qui exigent le plus de main-d'œuvre et il se trouve que ceux-là sont plus que les autres dans notre génie national. Nous excellons dans la culture des céréales, dans la culture maraîchère, dans la production du beurre, du fromage, des fleurs et des fruits. La France pourrait et devrait être un grand verger et un grand jardin; ses produits seraient recherchés dans le monde entier si elle savait les faire valoir et soigner sa clientèle.

II

Mais nous l'avons dit, l'évolution qu'il s'agit d'accomplir doit aller plus loin que les ouvriers agricoles; il est nécessaire, pour que le retour à la terre se dessine largement et fortement, d'y entraîner aussi une partie de la bourgeoisie et des petits commerçants aujourd'hui si malheureux et si inquiets de leur avenir, en face des grandes concentrations qui s'organisent contre eux.

Qu'allez-vous faire, nous dira-t-on, de tout ce monde et où comptez-vous le placer? Vous êtes loin des États-Unis, du Canada et de l'Argentine où les espaces libres pour la culture sont infinis, vous êtes en France où toutes les bonnes terres sont en mains et il ne vous échappe pas que pour introduire vos nouveaux venus dans l'agriculture il faudra que vous délogiez les occupants actuels. Comment vous y prendrez-vous?

A cela nous répondons que l'opération se fera d'elle-même et très facilement dès que la terre sera remise en honneur et en valeur. Ils sont légion les grands propriétaires qui ne demanderaient qu'à se débarrasser d'une partie de leurs propriétés et à les morceler; s'ils ne le font pas, c'est parce qu'ils ne trouvent pas d'acheteurs même à vil prix et ils n'exploitent leurs terres que parce qu'ils ne trouvent personne pour les prendre. Le jour où il y aura sur le marché de la terre autant de solliciteurs qu'il y en a pour les places de fonctionnaires ou les fonds de commerce d'épiciers et de marchands de vins, le morcellement de la propriété se fera comme par enchantement et le mouvement de division, qui s'accentue en dépit de tout depuis la Révolution et qui augmente sans cesse le nombre des petites cultures, se portera sur la moyenne et la grande avec la même intensité.

Il est d'ailleurs une autre réponse plus décisive encore à ceux qui redoutent que la terre ne vienne à faire défaut à l'appétit des terriens convertis : nous aussi, nous avons comme les pays neufs, comme l'Angleterre, les États-Unis, le Canada, l'Argentine, d'immenses espaces à notre disposition qui n'attendent, pour être fécondés, que la main de l'homme et pour nous livrer leurs trésors que l'afflux des capitaux sans emploi. Nous possédons aujourd'hui, grâce à la sage prévoyance de nos hommes d'État et au coup d'œil génial de Jules Ferry, un vaste empire qui embrasse toutes les parties du monde et qui comprend la plus admirable variété de production agricole qu'on puisse rêver.

Jusqu'à ce jour nous n'avons guère fait qu'explorer ce monde nouveau qui nous frappait d'étonnement et qui était presque pour nous un sujet d'effroi. Aujourd'hui que nous commençons à le mieux connaître, nous nous familiarisons insensiblement avec lui et nous l'abordons déjà avec plus de confiance. Demain nous passerons de la confiance à l'enthousiasme quand la voie sera ouverte et que nous comprendrons mieux les admirables perspectives d'avenir qu'elle ouvre devant nous.

Nos jeunes gens finiront par tourner les yeux vers cette terre promise qui les appelle à une vie plus large, plus intelligente, plus intense, avec des profits plus élevés et ils prendront en pitié la misérable existence de ronds-de-cuir qui a hypnotisé leurs pères. Le vrai caractère français, fait de courage et d'esprit d'initiative, se réveillera de son long sommeil et secouera la vieille routine qui éteint le génie de notre race.

Car l'expérience a parlé; elle prouve tous les jours par des faits éclatants que le Français est un excellent colonisateur, à une condition, c'est qu'on le livre un peu à lui-même et qu'on ne le ligotte pas en le mettant sous la coupe de l'administration; il n'est pas seulement plein d'initiative, un vrai débrouillard comme on dit, il est très pratique et très souple, se faisant à tous les milieux et s'assimilant très vite tout ce qui l'entoure. En France il est méconnaissable parce qu'il est sous l'éteignoir; à l'étranger il devient un autre homme.

Quand il se décidera à aller aux colonies, il en

fera tout de suite une nouvelle France riche et prospère. Mais comment l'y décider, comment vaincre son apathie, son amour aveugle du coin du feu, comment surtout avoir raison du déplorable esprit de tant de pères et de mères de famille qui s'imaginent que tout est perdu quand leur enfant monte en bateau?

Certes c'est une révolution qui ne s'accomplira pas en un jour, il n'y a pas d'illusion à se faire à ce sujet. On ne change pas en un clin d'œil les mœurs d'un peuple et des habitudes d'esprit qui sont passées dans le sang; cependant, nous sommes convaincus que l'évolution sera plus rapide qu'on ne croit parce qu'elle est dans la force des choses.

Quand on étouffe dans une chambre, on est bien obligé d'ouvrir les fenêtres, alors même qu'on aurait peur du froid; or, nous commençons à étouffer dans notre bon pays de France parce que le travail y devient plus rare et les fonctions publiques de moins en moins attrayantes, et il faudra bien que les petits Français qui ne voudront pas croupir dans la médiocrité ou qui seront résolus à faire fortune se décident à aller la chercher au dehors au lieu de végéter misérablement au dedans.

III

Pour achever de les décider, il n'y aura plus qu'à changer leur éducation et à les former autrement que nous ne le faisons depuis si longtemps. Assez de mandarins, des hommes d'action, telle doit être désormais la devise de notre éducation nationale. Préparons notre jeunesse à la lutte pour la vie et armons-la à la moderne. Tâchons de donner à la masse des Français, riches ou pauvres, la connaissance ou au moins les premières notions des langues étrangères : c'est aujourd'hui le meilleur outil, le premier capital qu'il faut leur mettre en main. Avec celui-là on ne meurt jamais de faim dans le monde. Ajoutons-y l'étude approfondie de la géographie, de la géographie attrayante comme on l'enseigne aujourd'hui. Substituons à la lecture des romans trop souvent creux et vides, quands ils ne sont pas pornographiques, celle de ces voyages infiniment plus vivants et passionnants qui éveillent dans l'homme les plus nobles curiosités et font appel aux plus hautes vertus de l'âme humaine.

C'est ainsi que nous referons à une partie de la jeunesse française un autre caractère, que nous élèverons son intelligence et son cœur, en l'arrachant à l'esprit vieillot qui l'étiole et aux

suggestions misérables des luttes de clocher.
Quand chacun aura appris à sortir en pensée du
trou où il est né et où il vit et pourra promener
son imagination dans le monde, il se fera un changement dans notre façon de comprendre la vie.
On aura des vues plus larges, on deviendra moins
haineux, moins envieux, moins sectaire, parce
qu'on verra les choses de plus haut et de plus
loin. C'est ainsi que l'esprit colonial en prenant
racine améliorera nos mœurs politiques et sociales; il servira d'exutoire à ces natures ardentes
et généreuses qui s'aigrissent dans notre milieu
étroit parce que leur activité manque de champ
et que notre société leur apparaît comme une
prison maussade.

La transplantation des Français aux colonies
aura bien d'autres avantages encore qu'il faut
faire entrer en ligne de compte dans l'inventaire
des profits. Nous déplorions il y a un instant l'affaiblissement de la natalité française qui devient
pour tous les patriotes un sujet de si sérieuses
préoccupations; pendant que toutes les nations
qui nous entourent croissent et multiplient, nous
restons stationnaires et la loi du nombre se tourne
de plus en plus contre nous. Si nous continuons à
nous rapetisser ainsi, nous courons le risque de
devenir une proie facile pour les voisins qui ont
les dents longues et peuvent être tentés à un
moment donné de s'agrandir à nos dépens. On

dira que c'est une hypothèse invraisemblable ; soit, mais il est prudent de nous tenir sur nos gardes.

Comment aller au devant du danger, comment corriger notre malthusianisme invétéré, comment persuader aux Français qu'il importe à la grandeur de la patrie qu'ils aient beaucoup d'enfants ? Pour répondre à la question, il faut s'en poser une autre et se demander pourquoi le père de famille est chez nous si peu prolifique et à quel mobile il obéit en se restreignant plus que de raison dans l'accomplissement du devoir familial et conjugal. Or, il n'est pas douteux, quand on connaît l'état d'esprit de la plupart des Français, que le principal motif de leur abstinence, c'est l'amour exagéré de leur progéniture, la préoccupation de son bonheur et la crainte de le compromettre ou de le diminuer.

Calculateur et homme d'épargne le Français envisage d'avance l'avenir de ses enfants, le partage de la petite fortune qu'il leur laissera et surtout la difficulté de leur trouver une position dans la vie. Plus les carrières s'encombrent, plus les fonctions qu'il avait rêvées deviennent difficiles à obtenir, plus il s'effraie, plus il tremble à la pensée que ces êtres si chers peuvent un jour manquer de tout. D'où ce raisonnement, que moins il aura d'enfants et plus il lui sera facile d'assurer leur bonheur ; chaque naissance, au lieu d'être pour lui un sujet de joie, devient ainsi une cause de trouble et d'angoisse.

Combien sa mentalité serait différente s'il pouvait se dire que le monde est grand, et qu'il y a plus de place qu'il n'en faut sous le soleil pour tous les bras, toutes les intelligences, et surtout s'il était bien convaincu que, quoi qu'il arrive, il y aura toujours dans nos colonies, à défaut de la mère-patrie, un refuge assuré pour tous les Français en détresse et des situations meilleures que celles qu'ils pourraient espérer et obtenir dans la métropole. Le jour où cette idée aura pénétré profondément dans la tête des pères de famille, ils cesseront de considérer un enfant comme une charge et raisonneront comme le petit agriculteur qui ne pouvant plus compter aujourd'hui que sur la main-d'œuvre familiale accueille le nouveau-né qui lui arrive comme une bénédiction du ciel.

Ainsi se modifiera avec le temps l'état d'esprit actuel si réfractaire à l'extension des familles, et il n'est pas interdit d'espérer que la natalité française y trouvera son profit et reprendra insensiblement son mouvement ascendant d'autrefois. L'exemple nous viendra d'ailleurs des colonies elles-mêmes qui seront pour les familles françaises un sujet d'émulation. Car il est aujourd'hui bien établi que la race française devient très prolifique aussitôt qu'elle est transplantée dans des pays neufs où elle se sent au large pour vivre; n'avons-nous pas vu au Canada 60 000 Français faire souche d'un peuple de plus de 3 millions d'habitants.

On constate également qu'en Algérie, en Tunisie, la natalité qui chez nous est de 29 pour 1000 au maximum s'élève à 30 et même à 36 pour 1000, taux égal à celui de l'Allemagne, supérieur à celui de l'Angleterre. Il est à remarquer également qu'en France les familles les plus nombreuses se rencontrent dans les pays où on émigre, comme la Bretagne et les Pays Basques; là les naissances ne font que remplacer les vides de l'émigration.

Mais pour que ces beaux rêves se réalisent, pour que notre jeunesse réponde aux espérances que nous fondons sur elle, pour que les pères français eux-mêmes reviennent de leurs préjugés et poussent leurs enfants au dehors avec entrain et conviction, il faut que l'exploitation de nos colonies soit organisée de toutes pièces et qu'elle assure à nos colons des situations à la fois lucratives et durables. Disons-le bien haut, les expériences faites jusqu'à ce jour laissent beaucoup à désirer; on a vu revenir en France trop de braves gens, l'oreille basse, désenchantés et déçus, qui ont semé le découragement partout parce qu'ils étaient rentrés plus pauvres qu'ils n'étaient partis.

C'est de leur faute, dira-t-on ; ils étaient partis dans de mauvaises conditions, sans préparation, sans compétence spéciale, sans capitaux, soit ; mais c'est ce qu'il faudrait empêcher à tout prix, et il y aurait un moyen bien simple pour cela, ce serait de diriger la colonisation au lieu de l'abandonner au jeu du hasard. Nous aurions dû constituer depuis longtemps de puissantes sociétés de colonisation disposant de capitaux suffisants pour faire appel aux bonnes volontés, consentir des avances d'argent et opérer la sélection des capacités. Leur patronage donnerait confiance aux hommes de valeur et de courage qui ne veulent pas aujourd'hui se risquer aux colonies parce qu'ils craignent d'y être abandonnés à eux-mêmes. Tant que son éducation coloniale ne sera pas complète, et il faudra pour cela plusieurs générations, le Français aura toujours besoin de point d'appui pour se risquer en terre étrangère ; d'autres aiment les aventures, lui aime la sécurité et il faut le prendre comme il est fait.

IV

Le gouvernement lui-même devrait pousser à la constitution de ces sociétés ; il a mille moyens à sa disposition pour diriger les capitaux et les capitalistes du côté de la colonisation qui ne sera pas seulement pour eux un acte patriotique, qui sera aussi une bonne affaire; qu'il se dise bien que son intervention est un devoir, qu'il y va de l'avenir, peut-être même de l'existence de nos plus grandes, de nos plus belles colonies. Comment s'expliquer par exemple que l'Algérie, cette perle de notre écrin colonial, attire à elle si peu de Français de France alors qu'elle exerce une telle fascination sur les étrangers, que les Espagnols, les Maltais, les Italiens et même les Allemands, l'envahissent de plus en plus et menacent d'y étouffer l'élément Français[1]. Prenons-y garde, si nous laissons ce mouvement s'accentuer, un jour viendra où nous ne serons plus chez nous. Est-il donc impossible de faire comprendre à des Français les beautés de cette admirable côte d'Afrique, qui saisit d'admiration tous ceux qui la voient et de leur indiquer les points où ils pourront utiliser leurs bras, leur intelligence et leurs capitaux! Qu'on les prenne par la main au début, et qu'on les conduise comme des enfants, s'il le faut; ce sera une façon de montrer le chemin aux autres, aux hésitants et aux timides.

---

1. Le dénombrement opéré en 1901 a établi que notre Colonie compte plus de 4 millions d'indigènes, 421 000 Français et près de 250 000 étrangers; il est visible par le mouvement ascendant de l'élément étranger qu'il se rapproche de plus en plus de l'élément français et, si nous n'avisons pas au plus tôt, il ne tardera pas à l'égaler et peut-être à le dépasser. Bien aveugles sont ceux qui ne le verraient pas!

Notre vœu est du reste en pleine voie de réalisation et nous sommes heureux de rendre justice à l'effort considérable que fait en ce moment l'éminent Gouverneur général de l'Algérie pour attirer l'attention du public Français sur cette question d'une actualité palpitante et pour la résoudre.

M. Jonnart qui connaît à fond l'Algérie et qui l'aime est effrayé comme tous les hommes qui observent et qui refléchissent des sombres perspectives de l'avenir ; il voit avec inquiétude à côté du bloc indigène, intangible et irréductible, monter le flot de l'occupation étrangère pendant que la population française reste à peu près stationnaire, et il calcule dans sa pensée l'instant où nous serons submergés et noyés. Ce jour-là le câble qui relie la France à sa grande colonie se rompra de lui-même et nous verrons s'écrouler en un instant ce que nous aurons mis un siècle à édifier.

M. Jonnart est de ceux qui ne se résignent pas à cette immolation et il a courageusement entrepris de la rendre impossible, en se consacrant tout entier à l'œuvre de sauvetage patriotique dont il sent la nécessité. Le peuplement de l'Algérie par les Français est devenu aujourd'hui sa préoccupation dominante et il s'y consacre tout entier avec un dévouement d'apôtre et un esprit pratique qui répandra la confiance partout. Il a admirablement compris que ce n'était pas par des discours,

des conférences, ou des promesses qu'on décide-
rait une masse de Français à traverser la Méditerranée pour chercher fortune en Algérie ; comme
nous l'avons dit, l'expérience du passé n'est pas
suffisamment encourageante pour vaincre leur méfiance instinctive.

Pour les attirer il faut les rassurer en leur
garantissant en quelque sorte le succès. C'est dans
ce but que notre Gouverneur général a dressé un
plan complet de colonisation, mûrement étudié
et dont il est permis à chacun d'examiner les détails
sur la carte qu'il a dressée. Sous ce titre la *Colonisation en Algérie*, il a publié et répandu partout
une brochure qui ne laisse dans l'ombre aucun
côté de la question et qui permet à un Français
quelconque de choisir en quelque sorte l'endroit
où il peut le plus utilement planter sa tente et
fonder sa maison. Il y trouvera les renseignements les plus détaillés sur l'emplacement des
centres de colonisation, sur leur altitude, leur
climat, le nombre et l'étendue des concessions de
terres possibles, gratuites et non gratuites, sur le
genre de cultures qu'on y peut pratiquer et les
moyens de les pratiquer, sur les métiers qui pourraient y réussir, sur la population et sur les
moyens de communication, etc. Chaque centre a
sa carte spéciale qui permet de se rendre compte
de la topographie du pays.

Enfin les colons sont avertis que les terres con-

cédées sont exemptes, pendant dix ans, de tous
les impôts qui pourraient être établis sur la propriété immobilière, que les professeurs départementaux d'agriculture seront à leur disposition
pour leur fournir tous les renseignements utiles,
enfin qu'ils peuvent s'adresser en arrivant à
l'administrateur de la commune mixte qui devra
leur servir de conseil et d'appui.

Cette dernière mesure est une des meilleures,
une de celles qui feront le plus d'impression sur
l'esprit timoré de beaucoup de braves gens, qui ne
manquent pas de courage, mais qui ne peuvent
pas se faire à l'idée de tomber dans le vide, eux
et leur famille, en arrivant sur leur concession.
La tutelle paternelle de l'administration que
M. Jonnart leur promet fera plus que tout le reste
pour vaincre leurs derniers scrupules.

M. Jonnart prend soin, du reste, pour leur éviter des déceptions qui compromettraient irrémé-
diablement l'avenir de la colonisation, de les
avertir des conditions indispensables à la
réussite. Il insiste sur la nécessité pour les nouveaux colons de posséder des connaissances agricoles pratiques et d'avoir des ressources suffisantes pour pouvoir mettre leur concession en
valeur (5000 francs au minimum). Il conseille
même aux demandeurs en concession de commencer par faire leur éducation, en s'employant
un an ou deux dans une exploitation agricole

afin de s'y familiariser avec les bonnes pratiques des cultivateurs de la colonie.

C'est ainsi que M. Jonnart justifie par une démonstration sans réplique cette affirmation qu'il place en tête de son travail et qui résume toute l'économie de son vaste projet. « L'Algérie, dit-il, est plus particulièrement indiquée pour des agriculteurs de la métropole, à l'étroit sur des terres insuffisantes. Ils peuvent pour la même somme d'argent et d'efforts obtenir en Algérie des propriétés beaucoup plus importantes, destinées selon toutes probabilités à des plus-values croissantes et rapportant, si on les exploite avec compétence, des bénéfices supérieurs. »

Espérons que cet appel si pressant de M. Jonnart sera entendu d'un bout de la France à l'autre et que sa voix parviendra à réveiller de leur léthargie beaucoup de Français qui ne savent que gémir et qui se plaignent de trouver partout les portes fermées. Qu'ils aient donc le courage facile de traverser la Méditerranée, et de l'autre côté ils trouveront sous un ciel magnifique ce qu'ils cherchent vainement sur le sol de France, un avenir assuré pour eux et leurs enfants, avec le bien-être et l'indépendance ; cela vaudra mieux que de végéter misérablement et de se révolter contre la vie.

V

Nous en avons fini avec ce long voyage à travers le monde que nous avons fouillé dans tous les sens, et nous nous croyons maintenant autorisés à affirmer, après cette longue et consciencieuse étude des faits, que le retour à la terre est dans la force des choses et dans l'intérêt de tout le monde, industriels, bourgeois et ouvriers. Nous pourrions ajouter qu'il est également dans l'intérêt de la société et des gouvernements, puisqu'il est une condition d'équilibre politique et social; seul il peut préserver l'humanité des souffrances et des convulsions dont nous menace le développement trop exclusif d'une seule branche de production.

Il rencontre cependant devant lui un dernier obstacle, un obstacle nouveau et imprévu dont nous avons déjà dit un mot, mais sur lequel il faut revenir parce qu'il devient, pour beaucoup de Français timorés, une objection décisive à l'évolution que nous désirons et que nous conseillons; nous voulons parler du socialisme agraire dont le flot montant commence à inquiéter l'opinion et à préoccuper tous ceux qui ont le souci de l'avenir.

Nous sommes obligés de convenir que leurs appréhensions ne sont pas sans fondement et que le mouvement qui se dessine depuis quelques années dans certaines régions de France serait de nature à décourager toutes les bonnes volontés et à ruiner tous les efforts tentés pour ramener les capitaux, les intelligences et les bras à l'agriculture s'il devait continuer sa marche ascendante.

Il n'est pas douteux, en effet, qu'il se fait en ce moment, sous l'influence du parti révolutionnaire, un travail souterrain qui tend à miner le principe même du droit de propriété et à acheminer insensiblement, sans qu'elles s'en doutent, les masses rurales vers la substitution de la propriété collective à la propriété individuelle. Les chefs du parti, qui pendant longtemps avaient concentré toute leur action dans les villes où ils rencontraient un terrain mieux préparé et une armée plus facile à mobiliser, ont fini par s'apercevoir que tous leurs efforts venaient se briser contre ce mur de granit de la démocratie des campagnes affamée d'ordre encore plus que de liberté. Cette constatation faite, ils se sont mis à faire le siège de la forteresse rurale avec une rare patience et une tactique savante faite de ruse et d'audace.

Leur manœuvre, aujourd'hui percée à jour, consiste à prendre le paysan par ses sentiments les plus forts et à exploiter en lui son amour de la terre pour le retourner contre l'ordre de choses actuel. Le socialiste nouveau modèle affecte d'avoir pour la propriété le plus profond respect, plus de respect que cette société marâtre qui distribue le sol à un certain nombre de privilégiés au lieu de l'attribuer généreusement à tous ceux qui ont des bras pour le travailler et le mettre en valeur; il proclame bien haut qu'il ne suffit pas de rendre la propriété accessible à tous, qu'il faut la donner à tous et faire de tous les Français qui le veulent des propriétaires.

Partant de là, il a pour chacune des catégories d'exploitants du sol un langage différent et des promesses particulières. Il dit au fermier : N'est-il pas inique que tu peines et que tu sues au profit d'un propriétaire qui n'a eu que la peine de naître pour avoir le droit de prélever sur ton travail de quoi entretenir sa fainéantise et subvenir à ses goûts de luxe et de plaisir! Qu'est-ce que la terre en elle-même, rien, absolument rien puisqu'elle ne peut rien produire sans le travail de l'homme? C'est donc le travail de l'homme qui est tout et il n'y a que lui qui ait droit à une rémunération. Le droit de propriété, s'il y en a un, ne peut appartenir qu'à celui qui exploite la terre et le triomphe du socialisme ne sera pas autre chose que l'émancipation du fermier devenu propriétaire de par la loi.

Après le fermier, le métayer. Ici la campagne était plus difficile et on avait cru pendant longtemps que ce mode d'exploitation si démocratique résisterait victorieusement à tous les assauts de la propagande révolutionnaire; il repose, en effet, sur une association intime du capital et du travail, sur la participation du travail aux bénéfices du capital, que les socialistes eux-mêmes ont présentée pendant longtemps comme la solution la plus pratique du problème social. Malgré les anathèmes dont certains économistes ont accablé le métayage, celui-ci s'est manifesté comme une des formes supérieures de l'exploitation agricole, celle qui concilie le plus heureusement tous les intérêts en présence, qui favorise même tous les progrès. L'expérience qui en a été faite dans la crise agricole a été si heureuse, elle a si pleinement réussi, que la plupart des pays étrangers considèrent le métayage français comme un modèle à imiter et cherchent à s'en rapprocher le plus qu'ils peuvent.

Ces magnifiques résultats se trouvent aujourd'hui remis en question par l'audacieuse propagande du parti collectiviste dans le monde des métayers, qu'il travaille avec plus d'acharnement encore que les fermiers. Pour les amener à lui, il a très habilement exploité un argument qui devait facilement s'incruster dans des esprits simplistes et d'une logique rudimentaire; il s'est attaqué aux plus anciens métayers, attachés de père en fils à une exploitation, qui était comme leur chose, et il leur a dit : Comment pouvez-vous vous résigner à ce rôle sacrifié de comparse dans une œuvre qui est la vôtre, rien que la vôtre? Cette terre que vous cultivez, ce sont vos ancêtres et vous qui l'avez faite ce qu'elle est; vous avez incorporé en elle votre intelligence, votre travail, et c'est à vous seul qu'elle devrait appartenir. Quant à votre propriétaire, il est payé depuis longtemps de la valeur de sa terre par les redevances qu'il a touchées, lui et les siens, et vous ne lui devez plus rien; nous ne ferons donc que vous rendre votre bien, en vous mettant à sa place, quand le grand jour de la Révolution sera arrivé, et il dépend de vous que ce soit demain.

Un siège plus difficile à faire que celui des fermiers et des métayers était celui des petits propriétaires qui de tout temps ont été considérés comme le rempart le plus solide du droit de propriété et qui se sont montrés à toutes les époques si résistants à la doctrine révolutionnaire; ils tiennent à leur lopin de terre avec une passion féroce et ils ont l'horreur des partageux dans le sang. Enlever une aussi forte barricade n'était pas chose facile et cependant les collectivistes n'ont pas reculé devant la difficulté; ici encore ils ont tourné la position pour la prendre et loin de froisser les sentiments du petit propriétaire, ils se sont attachés à les flatter, à les exalter le plus possible.

Comme le petit propriétaire est presque toujours l'exploitant du sol, ils n'ont pas eu de peine
à lui faire accepter leur principe, que la terre ap-
partient à celui qui la cultive. Le principe posé,
ils en ont alors fait briller toutes les conséquences
aux yeux éblouis des petits et des pauvres : ils
leur ont montré du doigt ces beaux et vastes do-
maines, objet de leur envie, qui à côté d'eux
étalaient leur somptueuse opulence et qui sont le
luxe des gens riches de la ville; puisque ces dé-
sœuvrés ne veulent pas les cultiver eux-mêmes,
qu'ils les laissent à ceux qui peuvent le faire à
leur place et qui en tireront un meilleur parti!

A cette voix du serpent tentateur toutes les
convoitises se sont éveillées et une foule de braves
gens, incapables de prendre un sou dans la poche
de leur voisin, se sont mis à tourner les yeux
vers ce paradis nouveau qui s'ouvrait devant eux,
et dans leur imagination surchauffée ils se sont
partagé tranquillement la proie qu'on leur mon-
trait.

C'est ainsi que le socialisme agraire s'est introduit subrepticement au fond de nos campagnes, et
ce qu'il y a de plus remarquable dans son évolution, c'est qu'elle a commencé par en haut, par
les régions qui semblaient les mieux défendues
contre sa contagion. C'est sur les fermiers, les
métayers, les propriétaires eux-mêmes que le
parti révolutionnaire a porté son premier effort,

laissant de côté avec une sorte d'indifférence méprisante les ouvriers agricoles qui semblaient cependant plus faciles à entraîner; mais la tactique était plus habile qu'il n'y paraissait et les étapes étaient savamment ménagées. Les meneurs de la campagne savaient parfaitement qu'après avoir enlevé les plus fortes positions des défenseurs de la propriété individuelle les ouvriers tomberaient d'eux-mêmes dans leurs filets.

Il suffisait pour cela de guetter les occasions et on était bien sûr de les trouver un jour ou l'autre. La crise viticole est arrivée à propos pour fournir aux chefs du parti le champ de bataille qu'ils cherchaient depuis longtemps; la mévente des vins dans le Midi a plongé les malheureux propriétaires de vigne dans une telle détresse, elle a tellement épuisé leurs ressources et entamé leur capital, que beaucoup d'entre eux se sont vus dans l'impossibilité de continuer les mêmes frais de main-d'œuvre qu'autrefois et qu'ils ont dû les réduire soit en diminuant le travail, soit en abaissant le prix de la journée. Ils ne l'ont pas fait de gaieté de cœur, mais sous le coup d'une implacable nécessité.

C'est ce moment qu'attendaient depuis longtemps les révolutionnaires de l'Hérault, de l'Aude et des départements voisins pour mettre leurs troupes en marche et ils l'ont saisi avec une ardeur facile à comprendre; sur un mot d'ordre, parti de la

bourse du travail de Montpellier, tous les ouvriers
agricoles des régions où le mécontentement était
à l'état aigu ont été en un clin d'œil syndiqués et
organisés pour la lutte. On leur a donné des chefs
du dehors, étrangers à leurs intérêts, désireux
de la guerre bien plus que de la paix et qui, pour
flatter et conserver leur clientèle, ont formulé en
leur nom les revendications les plus inacceptables.
Non contents d'exiger des propriétaires le réta-
blissement des salaires anciens et même des augmentations nouvelles, ils menaçaient de pillage
ceux qui se refuseraient à faire travailler les ouvriers aux conditions imposées. On faisait en
même temps miroiter aux yeux des ouvriers
exaspérés le partage prochain des terres qui
mettrait fin à leurs misères.

Les propriétaires à moitié ruinés par la crise,
n'ayant pas pu subir des conditions aussi dures,
le parti révolutionnaire a alors entrepris de les
réduire par la terreur, ce qui était facile ; il a
organisé les ouvriers en bandes volantes se
transportant d'une commune à l'autre, semant
partout la terreur sur leur passage et faisant
planer sur les populations épouvantées le
spectre de la Jacquerie ; inutile de dire que les
bons ouvriers qui voulaient résister, comprenant
le tort qu'on leur faisait, étaient les premiers
malmenés et traqués ; ils apprenaient à leurs
dépens que la liberté du travail était remplacée

dans nos lois par le droit à l'émeute et que les grèves modèles étaient celles où les grévistes pouvaient impunément violer toutes les lois du pays.

Voilà où nous en sommes aujourd'hui et on peut voir par ce tableau en raccourci le chemin qu'a fait dans notre pays, en quelques années, le socialisme agraire, qui n'existait pas ou qui existait à peine, avant l'arrivée au pouvoir du parti révolutionnaire; c'est son influence toute puissante qui, en assurant l'impunité aux fauteurs de désordre, en faisant des entrepreneurs de grève des collaborateurs du gouvernement, a faussé tous les ressorts de l'action publique et réduit à l'impuissance les défenseurs de la loi.

Il n'est pas douteux que si un pareil état de choses devait se prolonger, il aurait pour le pays des conséquences désastreuses.

Ce serait d'abord pour l'agriculture une nouvelle cause de ruine et de ruine irrémédiable; le jour où le principe du droit de propriété sera sérieusement ébranlé, tout le monde se détournera d'elle. La sécurité qui faisait sa force et son attraction ayant disparu, personne n'en voudra plus, l'activité humaine se portera ailleurs et elle aura bien raison; car il n'y a pas de placements plus aléatoires et plus coûteux que ceux qui vont s'immobiliser dans le sol. La terre est un gouffre dévorant pour le capital, et les socialistes sont les seuls à ne pas s'en douter; si on pouvait additionner toutes les sommes qui ont été englouties dans la terre de France pour l'amener au point où elle est, toutes les dépenses de défrichement, d'engrais, d'amendements, de lotissements, de murs et de constructions de toute sorte qui constituent la valeur de notre capital immobilier, on serait effrayé de l'énormité du chiffre et si on le comparait au revenu qu'en tirent les propriétaires actuels, on serait bien forcé de reconnaître qu'il n'existe pas de propriété moins rémunérée et par conséquent plus justifiée que la propriété immobilière[1].

C'est tout cela que le parti révolutionnaire veut donner pour rien aux exploitants du sol, quels qu'ils soient. Ce sera une confiscation, un vol pur et simple, c'est entendu ; ni le mot ni la chose ne font peur à nos grands réformateurs, mais ont-ils songé au lendemain de cette grande liquidation ? se sont-ils demandé ce qui allait se passer quand les nouveaux propriétaires, fraîchement investis, vont se trouver avec tant de bonnes terres sur les bras et qu'ils auront à les exploiter à leur tour ? Sans doute il est facile de prévoir qu'ils en tireront la quintessence et qu'ils commenceront par vivre très largement sur un domaine aussi

---

1. Les statisticiens les plus consciencieux évaluent à près d'un demi-milliard la somme des améliorations qui va s'enfouir chaque année dans les profondeurs de la terre.

plantureux, mais ils ne tarderont pas à songer
au lendemain et à se demander ce qu'il leur
réserve. Avec un peu de réflexion ils ne tarderont
pas à découvrir qu'ils ne sont plus des propriétaires au sens vrai du mot, qu'ils ne sont que des
détenteurs précaires soumis à la surveillance de
l'État et placés sous sa main.

Ils seront bien obligés de prévoir qu'un jour
peut venir où ils seront hors d'état de continuer
l'exploitation de leur terre et où elle fera retour
à la Société pour être attribuée à de nouveaux
occupants ; la fatigue, la maladie, le besoin de
repos peuvent de leur vivant les y contraindre.
Après leur mort l'incertitude devient plus grande
encore ; s'ils n'ont pas d'enfants, tout est fini et
cette exploitation dans laquelle ils se sont mis
tout entiers rentrera dans le grand réservoir commun pour passer en d'autres mains

Dans un pareil état d'esprit il n'est pas difficile
de deviner le parti que prendra le propriétaire collectiviste pour sortir des perplexités d'une situation aussi embarrassante ; il vivra au jour le jour
sur son domaine comme l'homme primitif sur les
terres sans maître, et il fera tout juste le nécessaire pour profiter personnellement de l'instrument dont on lui aura fait cadeau ; il se gar-
dera bien de le perfectionner, et d'y introduire
des améliorations qui ne peuvent produire
d'effet qu'à longue échéance, dans la crainte

que le bénéfice ne soit pour ses successeurs.

Le résultat le plus clair de la mirifique combinaison collectiviste sera donc l'appauvrissement progressif de la terre, la diminution du capital immobilier de la France, le retour à l'état pastoral avec toutes ses pauvretés, toutes ses misères. Voilà pour le pays : mais l'individu sera-t-il au moins plus heureux, plus satisfait, plus content de son sort? Verrons-nous la masse des bras se porter avec enthousiasme vers l'agriculture et se ruer sur la possession de la terre? Si nous pouvions l'espérer, nous trouverions là une demi-consolation, une atténuation à la barbarie et à l'odieux du système; mais nous sommes absolument convaincus que les choses se passeraient tout différemment et que l'éviction des anciens propriétaires serait le signal de la débandade générale de l'armée agricole.

Sans doute, si l'on distribuait les terres aux faméliques du prolétariat sans condition et pour toujours, en faisant d'eux des propriétaires définitifs comme les propriétaires actuels, les amateurs ne manqueraient pas et toutes les mains se tendraient vers l'État Providence qui ferait tomber la manne céleste sur ses élus. Il est vrai qu'il aurait fort à faire pour les contenter tous, et ceux qu'il serait forcé d'éliminer deviendraient bien vite une armée de mécontents qui travailleraient à leur tour au renversement du nou-

vel état de choses. Les non-propriétaires restant
encore très nombreux réclameraient à leur tour
une nouvelle révolution qui ne se ferait pas
attendre. On voit combien les perspectives de la
nouvelle société sont rassurantes.

Hâtons-nous de dire que l'État collectiviste
n'entend nullement pousser la générosité aussi
loin et qu'il a la prétention de conserver son
droit régalien sur les propriétaires investis par
lui pour l'exercer dans toute son étendue.

Ce ne sont pas des propriétaires définitifs qu'il
se propose de substituer aux propriétaires actuels,
mais uniquement des détenteurs temporaires, de
véritables usufruitiers. Ils seront propriétaires
de nom tant qu'ils exploiteront, mais ils cesseront de l'être aussitôt que leur exploitation personnelle s'arrêtera; ils n'auront le droit ni de
vendre, ni de louer leur terre et il n'est même pas
bien sûr qu'on leur laisse la faculté de la trans-
mettre par succession à leurs enfants.

Dans de pareilles conditions on se demande ce
qui pourrait bien tenter les travailleurs sérieux
dans cette organisation hybride qui n'est ni la
propriété, ni le bail et qui présente tant d'inconvénients et si peu d'avantages. On dit que le
Français est né volage, ce qui est sans doute une
calomnie; mais s'il n'est pas volage, il aime sa
liberté et ne consent pas volontiers à l'enchaîner.
Or, ce qu'on lui propose n'est pas autre chose

qu'un servage déguisé; il sera à la fois le serf de
la terre et celui du gouvernement. Quand il aura
accepté ce cadeau de l'État, il sera rivé pour toujours au lot qui lui aura été attribué et il ne pourra
plus s'en séparer à moins que son maître ne con-
sente à lui en donner un autre. Il sera condamné
à tourner toute sa vie dans le même cercle sans
pouvoir en sortir, puisqu'il ne pourra ni vendre,
ni louer, ni donner, et la terre deviendra pour lui
une véritable robe de Nessus dont il lui sera à
jamais interdit de se débarrasser.

Voilà la combinaison sur laquelle les collectivistes qui agitent nos campagnes font reposer le
bonheur de l'humanité dans la société nouvelle et
qu'ils considèrent comme la solution définitive du
problème social en matière agricole. Si son application ne devait pas coûter si cher et être un recul
d'un siècle pour le véritable progrès agricole et
social, nous serions presque tentés de la souhai-
ter; car, si on en juge par la mentalité actuelle
du travailleur français, elle ne serait pas de longue
durée. Nous avons sous les yeux un exemple qui
nous fournit une comparaison très suggestive,
c'est celui des maisons ouvrières, cette admirable
institution destinée, quand elle sera bien comprise, à transformer l'existence de l'ouvrier et à
lui procurer le vrai bien-être au sein de sa famille; dans les premiers systèmes d'organisation
imaginés par les fondateurs de l'œuvre, l'ouvrier

ne devenait propriétaire de sa maison que lorsqu'il avait versé la totalité de la redevance représentant l'amortissement du capital; jusque-là il
ne pouvait pas la vendre.

Cette restriction de son droit avait suffi pour
mettre l'ouvrier en fuite en éveillant ses suscep-
tibilités et sa méfiance. Il avait vu là tout de suite
une arrière-pensée de l'enchaîner à son travail,
de le forcer à rester toujours à la même place, de
lui enlever la liberté de changer de maison et
même de profession; l'interdiction de la faculté
de vendre lui paraissait une atteinte à son droit
de propriété et sous l'empire de ces sentiments il
restait insensible à toutes les sollicitations et in-
différent à l'idée nouvelle dont le succès se trouvait dès le premier jour gravement compromis.

Pour faire tomber ces résistances sourdes et
invincibles, les hommes intelligents, les vrais
philanthropes qui s'étaient mis à la tête du mouvement n'hésitèrent pas à modifier leurs statuts
sur ce point essentiel; ils proposèrent de remettre
à l'ouvrier un titre de propriété qu'il était autorisé à céder si l'envie lui prenait de changer de
domicile ou de profession, à la condition que son
acheteur continuerait les versements jusqu'à libé-
ration définitive.

Si les ouvriers tiennent à ce point à leur indépendance, s'ils ne consentent à devenir propriétaires qu'à la condition de pouvoir vendre, quand

il leur plaît, la maison qu'on leur a donné, presque
pour rien, qui pourrait croire que le paysan,
l'homme de la terre sera moins jaloux de son
droit et moins friand de sa liberté ! Ce serait bien
peu le connaître que de s'imaginer qu'il consen-
tira jamais à être propriétaire provisoire, ou plutôt simple usufruitier pendant toute sa vie et qu'il
mettra son bonheur à cultiver une terre dont il ne
peut pas disposer à son gré ; les malheureux qui
accepteraient ce métier-là ne sont pas de ceux qui
aiment vraiment la terre et ils seraient de pauvres
agriculteurs.

Voilà ce qu'il faudrait dire aux masses rurales
que les professeurs de la Révolution sociale cherchent à embrigader sur tant de points de la France
en faisant luire à leurs yeux un état social où tout
le monde sera propriétaire par la grâce de l'État ;
il faut bien leur faire comprendre ce que valent
ces belles promesses et combien la réalité serait
loin du rêve. Le meilleur moyen de les éclairer,
c'est de mettre au pied du mur les apôtres du
collectivisme et de les forcer à s'expliquer sur
l'application de leurs doctrines. Il ne faut pas leur
permettre de se réfugier dans les formules nua-
geuses, dans les grandes phrases déclamatoires
au moyen desquelles il est si facile de bercer
la misère humaine, il faut exiger d'eux qu'ils
démontent devant le public les pièces de leur
grande machine réformatrice et qu'ils la fassent

fonctionner dans les moindres détails. Quand on les serrera d'un peu près sur ce terrain bien délimité, ils seront obligés de se dérober et les braves gens dont ils ont surpris la bonne foi verront clair dans leur jeu.

Il n'est pas possible que les trois millions de propriétaires qui représentent plus de la moitié de la population agricole n'aperçoivent pas le danger qui les menace et qu'ils ne se lèvent pas comme un seul homme pour barrer la route aux faux prophètes qui essaient de les fanatiser. Il ne peut pas leur échapper que c'est leur droit de propriété lui-même qui est remis en question et que le jour où les révolutionnaires viendraient à triompher leur titre serait déchiré comme celui de tous les autres. Une fois le principe lui-même atteint et détruit dans la personne d'un seul propriétaire, il le sera pour tous les autres quels qu'ils soient, grands ou petits. Lorsque l'État aura confisqué et distribué les grandes propriétés, il faudrait être bien naïf pour supposer qu'il s'arrêtera en si beau chemin et qu'il respectera les autres. Il le voudrait qu'il ne le pourrait pas; tous ceux qui n'auront pas eu leur part de butin et qui seront toujours les plus nombreux sauront bien le contraindre à faire une nouvelle fournée d'expropriés et à leur donner place au festin. Que les petits propriétaires qu'on essaie d'emballer les yeux fermés dans le mouvement y réfléchissent bien; ils jouent leur tête comme les autres et quand, par leur faiblesse, les révolutionnaires seront devenus les maîtres, elle ne tiendra pas longtemps sur leurs épaules.

Mais pour avoir raison du socialisme agraire, nous l'avons déjà dit, il ne suffit pas d'entreprendre une œuvre de propagande et de faire ressortir aux yeux des populations abusées le vide et les dangers d'un système qui violente la nature humaine et qui ferait de l'État le tyran le plus insupportable; il faut en même temps le neutraliser et désarmer les adversaires de la Société en prenant un ensemble de mesures de nature à améliorer le sort des petits, des humbles, de ceux qui souffrent le plus, ouvriers, fermiers, métayers et petits propriétaires.

Nous avons indiqué et souligné les principales de ces mesures au chapitre de l'Assistance et de la Prévoyance, sociétés de secours mutuels, assurances, caisses de retraite, maisons de vieillards et hospices cantonaux; mais la plus importante de toutes à notre avis, celle qui tiendrait lieu de toutes les autres, serait la constitution et la généralisation du Bien de famille qui permettra de résoudre le problème de la propriété dans le sens à la fois le plus libéral et le plus pratique. Il n'est pas de meilleur moyen de combattre l'utopie collectiviste que d'opposer la propriété individuelle à la propriété collective et de la rendre accessible à tous; on donne ainsi satisfaction à tous les intérêts et on assoit le droit de propriété sur le roc.

Mais il ne suffit pas de poser le principe de la réforme; il faudra, quand elle sera consacrée par la législation, la faire entrer dans la pratique et c'est là que tous les amis, tous les défenseurs de l'agriculture devront se donner rendez-vous. Pour mettre l'idée en marche, on ne peut pas compter sur la seule bonne volonté des travailleurs agricoles; il est nécessaire de les éclairer et surtout de les aider si on veut multiplier le nombre des propriétaires. Ce sera l'œuvre de nos syndicats qui sont les guides tout indiqués et les appuis naturels du monde agricole; c'est à eux qu'il appartiendra de constituer des sociétés financières à l'image des sociétés de construction de maisons ouvrières pour fournir à la masse des bons travailleurs qui peuvent faire d'excellents propriétaires l'instrument de leur émancipation.

Les syndicats qui prendront cette initiative pourront réaliser un autre progrès qui contribuerait puissamment à la paix sociale et mettrait fin à une guerre impie, aussi nuisible aux ouvriers agricoles qu'aux propriétaires; ce serait de faire entrer les ouvriers eux-mêmes dans les syndicats agricoles en organisant des syndicats mixtes qui pourraient dans certaines circonstances

20

et d'accord avec les parties servir d'arbitre entre
elles. Le jour où les syndicats prendront eux-
mêmes en main la cause et les intérêts des ouvriers agricoles, où ils leur tendront la main pour
les élever jusqu'à eux, la détente s'opérera d'elle-
même et la réconciliation entre des intérêts dont
la solidarité est si étroite sera sincère et durable.

A tous les moyens que nous venons d'indiquer
pour enrayer le socialisme agraire, il faut en
ajouter un dernier, un moyen indirect mais qui
serait peut-être plus efficace que tous les autres
s'il était appliqué avec une ferme résolution.

Nous avons dit tout le mal que l'absentéisme
de la bourgeoisie a fait à l'industrie agricole et
quelle part considérable il a dans la dépopulation des campagnes, mais ce n'est pas son seul
méfait; il est pour beaucoup aussi dans la poussée du socialisme agraire qui n'est devenu enva-
hissant et inquiétant que le jour où la bourgeoisie
des campagnes a perdu le contact des masses
rurales. Tant que les relations personnelles ont été
suivies et cordiales entre les différentes classes
agricoles, tant que les propriétaires, les fermiers,
les ouvriers, ont vécu de la même vie, et se sont
assis à la même table, tant qu'ils ont pu causer
familièrement ensemble et se serrer la main,
l'agriculture ressemblait à une grande famille et
les agents de discorde n'auraient jamais songé à
s'y glisser.

Mais un jour est venu où le bourgeois propriétaire a émigré laissant derrière lui pour le représenter un régisseur bien souvent dur et maladroit ;
où il n'est plus retourné à la campagne que pour
s'enfermer dans sa villa ou se barricader dans
son château, dédaignant de se mêler aux hommes
et aux choses, et alors tout a changé de face. Le
paysan s'est détourné insensiblement de celui qui
se détournait de lui et il s'est mis à le regarder
de travers.

C'est à ce moment que le parti révolutionnaire,
trouvant la place libre et le terrain bien préparé,
est entré en scène et a commencé sa propagande
dans les campagnes ; on comprend aisément le
succès que devaient avoir auprès de natures
rudes et simples les beaux parleurs de la ville
venus exprès pour prendre la défense du petit
contre le grand, du faible contre le fort et qui
tonnaient contre l'orgueilleuse indifférence des
riches propriétaires.

Ceux-là, au moins, n'étaient pas fiers, ils
avaient la poignée de main facile ; après les réunions
publiques on fraternisait ensemble, on causait, on
banquetait et la conférence socialiste devenait
une sorte de représentation théâtrale, une véritable fête. Voilà comment le socialisme agraire
s'est insensiblement infiltré, et le sentiment a
contribué à son succès autant que l'intérêt.

La bourgeoisie des campagnes a ainsi perdu

par sa faute l'influence politique', qu'elle avait
conservée tant qu'elle avait vécu au milieu des
populations rurales et qu'elle leur avait servi de
conseil, de protecteur et de bienfaiteur; son
indifférence coupable, son amour du plaisir et de
la richesse, son esprit frivole sont pour beaucoup
dans la situation si troublée que nous traversons,
et elle est grandement responsable des maux
dont elle se plaint. Si elle avait pris la peine
d'agir, si elle ne s'était pas désintéressée de la
chose publique, si elle n'avait marchandé ni son
temps ni son argent pour faire l'éducation du
peuple, et l'éclairer sur ses véritables intérêts,
elle aurait gardé sa confiance et elle n'aurait
pas à déplorer la funeste direction que prend la
politique du pays.

Pourquoi n'a-t-elle pas pris exemple sur l'aristocratie anglaise, qui est parvenue, à force d'énergie, de générosité et de dévouement civique à
conserver son influence sur la démocratie britannique? les nobles Lords rachètent les privilèges
exorbitants dont ils jouissent encore, par tant de
travail, d'esprit pratique et de sollicitude pour
les grands intérêts du pays; ils restent en rapports si suivis avec les masses laborieuses, qu'ils
ont conservé toute leur autorité morale sur la
nation qui oublie leur origine pour ne voir que
leurs services.

Il dépend de la bourgeoisie française, quand

elle le voudra, de jouer le rôle de l'aristocratie anglaise et sa rentrée en grâce auprès de la démocratie rurale sera facile ; car rien ne la sépare de celle-ci et elle a en main tous les moyens de reconquérir rapidement sa confiance. Il lui suffira de ne plus se laisser hypnotiser par les séductions superficielles de la ville et de tourner un peu ses regards et son activité vers la campagne ; qu'elle essaie de l'aimer à nouveau, de la comprendre, et elle ne tardera pas à aimer et à comprendre ceux qui l'habitent. Quand le citadin aura fait le premier pas vers le rural, la réconciliation s'opérera vite et ses ennemis d'aujourd'hui deviendront ses amis de demain.

VI

Maintenant nous pouvons conclure et nous espérons que le lecteur conclura comme nous. Nous croyons fermement que le dernier nuage que nous avions aperçu à l'horizon du monde agricole et qui menaçait d'éclater en tempête, ravageant tout sur son passage et détruisant toutes les espérances de récolte de l'avenir, se dissipera comme les autres et que l'agriculture française pourra bientôt poursuivre au milieu d'un ciel radieux le cours de ses destinées. L'esprit du paysan français renferme des trésors de

bon sens, de droiture, d'esprit pratique qui le
rendront toujours réfractaire aux sophismes nua-
geux de l'École révolutionnaire et aux aventures
ruineuses où elle veut le jeter.

L'agriculture peut donc dormir tranquille et
travailler en paix à son organisation scientifique,
économique et sociale; le retour à la terre ne se
fera pas par des moyens empiriques et violents
qui n'auraient d'autre résultat que d'éloigner
d'elle les capitaux et les intelligences dont elle a
tant besoin, il se fera par la science et par la
concorde, par l'union de toutes les bonnes
volontés et l'effort commun de tous les Français désireux d'égaliser, d'harmoniser l'ensemble
de la production nationale.

Dieu merci, les filons de travail de l'avenir
sont loin d'être épuisés et notre planète a encore
de longs siècles devant elle pour défricher les
vastes champs que la Providence a mis à la disposition de l'humanité. Ne craignons donc pas
que le travail manque jamais sur la terre; préoc-
cupons-nous seulement de le bien répartir, et de
ne pas créer par notre imprudence l'engorgement
sur un point et le vide ailleurs.

Le temps n'est plus où la production pouvait
être livrée au hasard parce que le cercle de chaque industrie était étroitement limité et qu'il y
avait comme une cloison étanche entre chaque
pays. Aujourd'hui, le cercle est aussi grand que

le monde et toutes les industries se rencontrent et se pénètrent. Leurs mouvements deviennent à la fois plus compliqués et plus solidaires; le moindre accident arrivé à une des extrémités du monde se répercute partout et il est nécessaire que les rouages de la production générale s'engrènent les uns dans les autres pour ne pas se briser.

Les crises sociales n'ont bien souvent pas d'autre cause que la mauvaise distribution du travail et on va quelquefois chercher bien loin, pour les expliquer, des raisons qui crèvent les yeux. L'erreur capitale des socialistes est de s'imaginer qu'il dépend des patrons de les prévenir à force de concessions, comme s'ils pouvaient changer à volonté la fatalité des lois économiques. Ils ne peuvent pas donner du travail à leurs ouvriers quand ils n'en ont pas et lorsque le travail manque il est inévitable que les salaires baissent. Il n'y a pas de puissance au monde qui puisse empêcher cela.

Pourquoi les salaires des ouvriers des États-Unis sont-ils le double et le triple de ceux des ouvriers européens? Parce qu'aux États-Unis il y a un immense réservoir de travail qui s'agrandit sans cesse, parce qu'il y a plus de commandes que de bras et que l'industrie y est en pleine prospérité.

Pourquoi les salaires sont-ils plus faibles en

Europe, pourquoi ne peuvent-ils plus s'élever
depuis quelques années? Parce qu'aujourd'hui le
travail industriel a une tendance à diminuer,
parce qu'on a trop produit et qu'il faut ralentir
la marche des usines, parce qu'enfin il y a beaucoup d'industries en souffrance.

Ce n'est pas par des grèves qu'on changera cet
état de choses; on ne fera que l'aggraver en em-
pirant la situation déjà si difficile de nos industries, en diminuant leur force de résistance à l'é-
tranger et en leur faisant perdre des commandes,
d'où une nouvelle cause de réduction du travail
et de perte de salaire.

Dans une semblable situation que reste-t-il à
faire dans l'intérêt bien entendu des ouvriers
pour améliorer leur sort et conjurer les dangers
de l'avenir? Une seule chose, à notre avis : ouvrir le plus vite possible de nouvelles sources de
travail pour remplacer celles qui commencent à
se tarir, afin de ne pas être obligé un jour de
rouvrir les ateliers nationaux de triste mémoire.

N'attendons pas d'être débordés par les événements pour agir; sachons prévoir afin de ne
pas être surpris et mettons-nous courageusement
à l'œuvre pour préparer l'évolution qui permettra
de reconstituer insensiblement les cadres de
l'armée du travail sur de nouvelles bases.

Sans doute la tâche est difficile et le retour à

la terre ne se fera pas en un jour. On ne remonte pas d'un coup un courant qui emporte tout depuis un demi-siècle, mais l'entreprise est digne de l'effort qu'elle exige puisqu'elle tend à assurer aux travailleurs la sécurité de l'avenir. C'est pour faciliter la propagande de l'idée en fournissant des arguments et des armes à ceux qui voudront se jeter dans la bataille, que nous avons écrit ce livre.

Il n'est que le commentaire développé de cette grande et forte parole d'un philosophe Chinois qu'on ne saurait trop méditer et qui devrait être écrite en lettres d'or sur tous les murs de nos écoles, parce qu'elle résume d'un trait lumineux tout ce qu'on peut dire sur ce grand problème de la répartition du travail humain :

« *La prospérité publique est semblable à un arbre : l'agriculture en est la racine, l'industrie et le commerce en sont les branches et les feuilles ; si la racine vient à souffrir, les feuilles tombent, les branches se détachent et l'arbre meurt.* »

FIN.

TABLE DES MATIÈRES

Paris. — Imprimerie LAHURE, 9, rue de Fleurus.

www.ingramcontent.com/pod-product-compliance
Lightning Source LLC
Chambersburg PA
CBHW060410200326
41518CB00009B/1312